Jeanine et Jean GUION

CM2

APPRENDRE L'O.R.T.H.O GRAPHE

HATIER

Illustrations : Yves BEAUJARD et Sophie BEAUJARD

Mise en page : Cécile THEIL

Couverture : Malte MARTIN

ISBN 2.218.**03225**-2

Présentation

Le manuel d'orthographe *ORTH CM2* contient plus de **600 exercices** correspondant au programme qu'un élève de CM2 doit connaître pour entrer en 6e. Il comprend **quatre grandes parties (O.R.T.H.)** et des **tests**.

O comme Observation

Des exercices d'observation et **de découverte** de la langue écrite. Ils sont destinés à habituer l'élève à réfléchir sur sa langue, à la manipuler et à enrichir son vocabulaire. Il découvre ainsi les principes fondamentaux de l'orthographe.

R comme Règles

Près de 500 exercices pour apprendre les règles d'orthographe. Soixante-sept règles sont étudiées en CM2. Elles recouvrent les quatre grands domaines de l'orthographe :

- **l'usage** (avec l'apprentissage d'un millier de **mots A SAVOIR** qui s'ajoutent aux 2 000 mots fondamentaux déjà appris au CE et au CM1 avec les manuels *ORTH*) ;
- **les homophones grammaticaux** *(a/à, son/sont, ce/se...)* ;
- **les accords** en genre et en nombre ;
- les formes verbales, en particulier **la conjugaison**.

T comme Transfert ... H comme Habileté

Des exercices de révisions (transfert des acquisitions) **et d'habileté linguistique** en fin d'apprentissage, en particulier des **dictées silencieuses** (textes à compléter) et des **dictées classiques** que l'enseignant donnera sous la forme qui lui paraît la mieux adaptée à sa classe.

Les tests

ORTH permet une évaluation suivie des résultats scolaires en orthographe, grâce à ses tests et à ses possibilités de contrôle. **Deux tests figurent dans l'ouvrage**. Ils permettent d'évaluer le niveau de chaque élève en début d'année et de faire le bilan des notions acquises en fin d'année.
ORTH est d'un emploi très souple. Le maître peut choisir l'ordre d'étude des règles selon les lacunes de ses élèves et sa progression pédagogique.

Étude des règles

Contenu d'une leçon

1. Tableau qui regroupe les informations pour bien comprendre une difficulté orthographique. La présentation visuelle aide la perception et la mémoire.

4. Mots à savoir à la fin du CM2. Liste établie d'après la fréquence et la difficulté des mots.

3. Exercices d'apprentissage sans correction, pouvant être utilisés pour les contrôles, pour les révisions, etc.

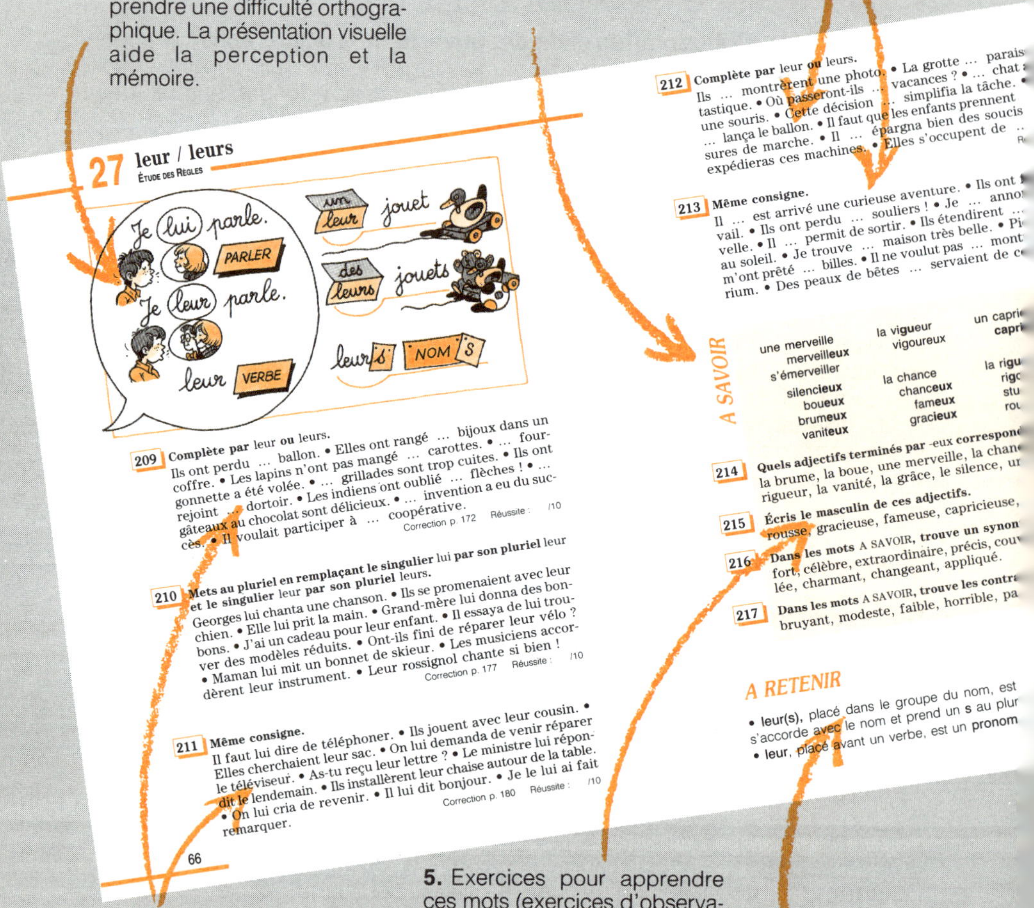

2. Exercices d'apprentissage systématique, avec autocorrection possible pour permettre une évaluation continue des performances.

5. Exercices pour apprendre ces mots (exercices d'observation, recherche, classement, etc.).

6. Formulation de la règle présentée dans le tableau.

Conseils d'utilisation (partie RÈGLES)

• L'élève doit **observer attentivement** le tableau de la règle avant de faire ses exercices. Il doit ensuite apprendre à **exprimer ce qu'il comprend**. La rubrique **A RETENIR**, en fin de leçon, propose une formulation de la règle. Cette formulation peut également être élaborée en classe avec le maître et devenir l'occasion d'un travail collectif de réflexion grammaticale.

• Dans les exercices à trous, l'élève doit répondre en écrivant non seulement la réponse demandée, mais aussi **tout ce qui, dans la phrase, permet de comprendre la bonne réponse**. L'élève prend ainsi l'habitude de sélectionner les informations utiles qui expliquent les marques orthographiques.

• Dans les exercices portant sur les **mots A SAVOIR**, les réponses à trouver figurent en général dans la liste située juste au-dessus. Mais ce n'est pas systématique. L'élève peut avoir à trouver, non pas un mot de la liste, mais un mot de la même famille ou un mot présentant une même particularité orthographique. Le maître peut conseiller l'usage du dictionnaire s'il le juge utile.

• **Remarques :**

- On peut estimer qu'un élève réussit un exercice systématique lorsqu'il obtient une réussite au moins égale à 90 %.
- Pour assurer la fiabilité de l'évaluation, les deux tests qui figurent dans ce livre ne sont pas corrigés.
- Pour un testage précis des élèves, nous conseillons d'utiliser le **test étalonné ORTH CM2** : *La Vieille Dame et la montre à quartz**.

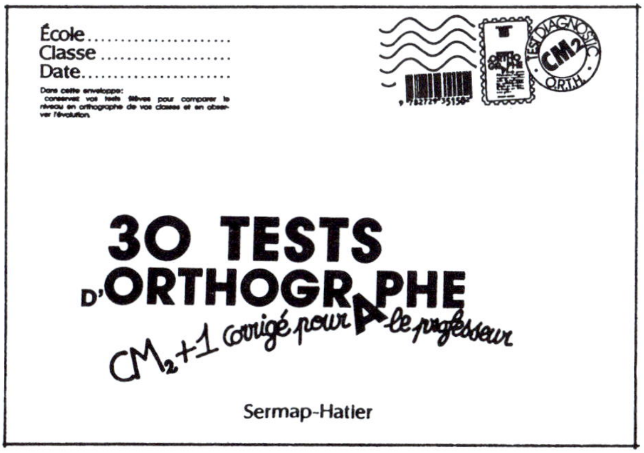

* Présenté en pochettes de 30 exemplaires + un corrigé pour le maître.

Test de départ

Passe ce test sans dictionnaire et sans regarder dans le livre. Tes erreurs te permettront de savoir quelles sont les premières règles du programme ORTH CM2 que tu as besoin d'apprendre.

1. Choisis entre avoir (ai) **et** être (es **ou** est) **pour compléter.**
Sylvie n' ... toujours pas arrivée.

2. Ajoute c, qu **ou** ç **aux mots suivants :**
l'é...ilibre - une pis...ine - une fa...ade - une é...uelle.

3. Conjugue les verbes réussir, remercier **et** peindre **à la 3e personne du singulier du présent de l'indicatif.**

4. Complète en choisissant parmi ces orthographes : o, au, eau, os, ot **ou** op.
le mus... du chien
le gal... du cheval
un p... en grès
des m...x de tête

5. Écris au pluriel :
un caillou : des ......
un clou : des ......
un artichaut : ......
un tuyau : ......

6. Que manque-t-il : ay, aill **ou** eill **?**
un p...asson - merv...eux - un r...onnage

7. Accorde les adjectifs.
Elle avait les yeux sombr... , presque noir... .

8. Choisis entre c'est, s'est **ou** sait **pour compléter.**
Est-ce qu'il ... arrêté au feu rouge ?

9. Complète par leur **ou** leurs**.**
Nous ...... enverrons la liste des livres.

10. Écris le nombre 8 425 **en lettres.**
....

11. Accorde les verbes (au présent de l'indicatif).
Sandra et Laurent observ... les étoiles. Leur grand-père les guid... et leur montr... la Grande-Ourse.

12. Choisis entre tant, t'en **ou** temps **pour compléter.**
Nous allons ... rapporter. Il y en a ... !

13. Ajoute les accents qui manquent.
la poussiere - s'enerver - exagerer

14. Complète par é, er, ez, ait **ou** aient**.**
On vient de vous téléphon... . J'ai not... le numéro de votre correspondant.

15. Faut-il écrire on **ou** ont **?**
Les déménageurs n' ... rien laissé derrière eux.

16. Complète, puis accorde les participes passés.
Ces règlements sont impos... par la loi. Les cartes seront donc modifi... en conséquence.

17. Conjugue les verbes appeler **et** appuyer **à la 1re personne du singulier du futur simple de l'indicatif.**

18. Écris le verbe entre parenthèses au subjonctif présent.
Il faut qu'elle (*aller*) ...... à la gare et qu'elle (*prendre*) ...... le train pour Bordeaux.

19. Accorde les participes passés, si nécessaire.
Ils ne sont pas venu... nous rendre visite cette année car ils ont passé... leurs vacances à la montagne. On les avait pourtant invité... .

20. Écris les verbes entre parenthèses au passé simple de l'indicatif.
D'un geste, il (*déchirer*) ...... les pages du livre et les (*jeter*) ...... dans le feu. Nous (*sortir*) ...... immédiatement et nous ne (*revenir*) ...... jamais.

Après avoir corrigé ton test, entoure les numéros des questions où tu as tout juste. Souligne les autres en rouge.

1. R13	**2.** R6, R7	**3.** R45	**4.** R12	**5.** R35
6. R8	**7.** R36	**8.** R25	**9.** R27	**10.** R14
11. R38	**12.** R34	**13.** R9	**14.** R54, R55, R58	**15.** R26
16. R39	**17.** R62, R63	**18.** R66, R67	**19.** R40, R41	**20.** R60

Calcule ta note : ... **/20** (1 point par question entièrement réussie)

Note les numéros des règles à apprendre en priorité.
Ils sont précédés de la lettre R à côté des numéros que tu as soulignés en rouge.

Observation

Exercices de découverte

• Les exercices d'observation sont regroupés en **dix fiches** indépendantes. Toutes ne sont pas corrigées pour permettre au professeur d'organiser la classe avec plus de liberté (auto-correction, correction collective, contrôles, etc.).

• A la fin de chaque fiche, une mention rappelle le barème de notation et renvoie à la correction pour les cinq premières fiches.

1 exercices de découverte

OBSERVATION

Un poisson très pratique

Connais-tu le poisson laveur de vitres ? C'est un poisson très utile dans les aquariums. Il possède des lèvres épaisses qui lui permettent de racler les algues déposées sur les pierres et les vitres. Grâce à lui, la vitre de l'aquarium ne risque pas de se recouvrir d'algues !

1 Permettre **est un verbe de la famille de :**

a. mètre **b.** maître **c.** mettre

Cite deux autres verbes de la même famille.

2 **Dans le texte, qu'est-ce qui est** utile ? ...
qu'est-ce qui est épais ? ...
qu'est-ce qui est déposé ? ...

3 **Le premier mot du texte est un verbe. Quel est son infinitif ? A quel temps et à quelle personne est-il conjugué ?**

4 **Complète le deuxième ensemble :**

noms		verbes
laveur	⟶	laver
danseur		...
conducteur		...
défenseur		...
buveur		...
lecteur		...

5 **Quel verbe simple trouves-tu dans chacun des verbes suivants ?**

Ex. : recouvrir ⟶ couvrir.

redescendre, défaire, redemander, surprendre, réchauffer, prévenir.

20 réponses à trouver, 20 points à gagner !

Correction p. 169

Des vaches en imperméable

Il paraît que les vaches qui broutent sous la pluie donnent moins de lait que les autres ! Un paysan a donc pensé qu'il fallait mettre ses vaches à l'abri : il leur a fait coudre des imperméables qu'elles portent chaque fois qu'elles vont au champ !

1 **Dans ce texte, que font** les vaches **?**
Elles broutent, elles donnent du lait, elles ..., elles ... .

2 **Relie chaque morceau de la phrase à une étiquette :**

Il / a / mis / ses vaches / à l'abri

avoir   mettre   où ?   le paysan   les siennes

3 **Imaginons que le paysan possède** une seule vache **et qu'il veuille la mettre à l'abri. Complète le texte du haut de la page qui correspondrait à cette situation :**
Un paysan a donc pensé qu'il fallait mettre ... à l'abri : il ... a fait coudre ... qu'... chaque fois qu'... au champ.

4 Paysanne **et** année **contiennent chacun un mot terminé par** an. **Trouve ces deux mots.**

5 **Complète le schéma suivant :**

champ	⟶	**champ**ignon
...	⟶	**chant**er
retard	⟶	...
bond	⟶	...
...	⟶	bonne
lait	⟶	...
...	⟶	plombier

20 réponses à trouver,
20 points à gagner !

Correction p. 169

3 exercices de découverte

OBSERVATION

Lutte contre le feu

Depuis 1969, on lutte contre le feu avec des avions puissants, les Canadair. Ils prennent de l'eau en rasant la surface de la mer ou d'un lac, sans se poser.

1 On lutte. **Il s'agit**
a. du verbe lutter.
b. du nom lutte (une lutte).

2 Ils prennent de l'eau. **Complète avec le même verbe.**
Je … de l'eau.
Il … de l'eau.
Vous … de l'eau.
Il s'agit du verbe … .

3 **Écris le pluriel des noms suivants. Mais, attention, pour l'un d'entre eux c'est impossible !**

un feu	⟶	des feux
un jeu		…
le milieu		…
un peu		…
un vœu		…
un lieu		…

4 **Voici sept mots :** rasant - poser - puissant - casser - dessous - mesurer - coussin. **Classe-les en deux ensembles.**

mots ayant 1 … ________ ________ ________ ________

________ ________ ________ ________ **mots ayant 2 …**

5 **Choisis entre** mer, mère **et** maire **pour compléter les phrases suivantes :**
J'aime mon père et ma … .
Je préfère la … à la montagne.
C'est le … qui va les marier.

20 réponses à trouver,
20 points à gagner !

Correction p. 169

Une expérience

Pose sur la neige deux plaques de métal de même dimension. L'une a été peinte en noir, l'autre en blanc. Chaque plaque reçoit la même quantité de chaleur du soleil. Tu observeras que la plaque noire s'enfonce davantage dans la neige que la blanche.

1 Tu observeras. **A quel temps est ce verbe ?**

2 La chaleur, une odeur, une heure, le bonheur, la grandeur, une rougeur, une longueur, un rongeur. **Parmi ces mots, quels sont ceux que tu peux écrire dans l'ensemble ci-dessous ?**

noms féminins en -eur : la chaleur____________

3 **Complète les mots suivants par** qu **ou** c. **Tu peux t'aider d'un dictionnaire.**

une … alité, le … alendrier, une … antité, le … artier, un … aprice, un … art, un … achet.

4 **Parmi ces mots, deux sont de la famille du verbe** peindre. **Lesquels ?**

pincer, peintre, pin, pingouin, peinture, pain.

5 **Complète les mots suivants par** -euil, -eil **ou** -eille **:**

le somm…, un écur…, le rév…, une gros…, le s…, un cons… .

20 réponses à trouver,
20 points à gagner !

Correction p. 169

5 exercices de découverte
OBSERVATION

Juste ou faux ?

Pendant la leçon de conjugaison, l'instituteur explique à Nicole :
- Si c'est toi qui chantes, tu dis : « je chante ». Si c'est ton frère, que dis-tu ?
- Je dis : « Arrête ! »

1 **L'un des verbes du texte exprime un ordre. Lequel ?**

2 C'est toi qui chantes. **Cette phrase veut dire :**
a. Je chante. **b.** Tu chantes. **c.** Elle chante.

3 **Dis si chacune des phrases suivantes est possible :**
a. Je suis le neveu du mari de ma tante.
b. Je suis le frère de l'époux de ma sœur.
c. Le grand-père de ma mère a 40 ans.
d. Il est le fils du mari de la fille de sa grand-mère.

4 **Complète avec** c'est **ou avec le verbe** savoir (sais **ou** sait).
Il ... sa leçon.
... une leçon de grammaire.
Je ... conjuguer ce verbe.

5 **Classe les mots suivants en deux ensembles, selon que** x **représente le son** *ks* **ou le son** *gz* **:**
expliquer, exemple, exister, extérieur, exploit, exercice.

6 **Complète le schéma suivant :**
expliquer ⟶ explication
indiquer ⟶ indi...ation
appli...er ⟶ application
compliquer ⟶ compli...ation
fabri...er ⟶ fabri...ation

20 réponses à trouver,
20 points à gagner !

Correction p. 169

Jeu d'allumettes

Prends neuf allumettes. Place-les de telle façon que cela fasse huit. As-tu trouvé la solution ? Maintenant, avec huit nouvelles allumettes, tu peux annuler le jeu. Comment feras-tu ?

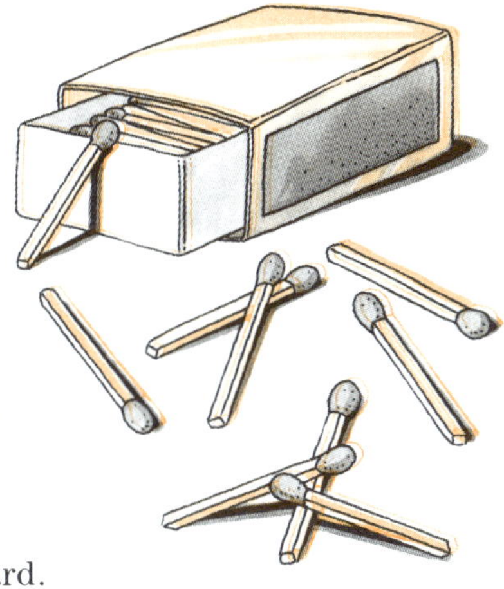

1 **Indique avec quel auxiliaire est employé le verbe** trouver **?**

a. Tu t'es trouvé mal.
b. J'ai trouvé la réponse.
c. As-tu trouvé ?
d. Il s'est trouvé là par hasard.

2 **Complète les phrases suivantes en écrivant bien le nombre 9 en lettres :**

a. Un briquet neuf.
b. N… (9) briquets n… .
c. N… (9) allumettes n… .

3 **Quel mot peux-tu retrouver dans** annuler **? dans** huitaine ?

4 **L'un des mots du texte est de la même famille que le mot** lumière. **Lequel ?**

5 **Classe les expressions ou mots suivants en les écrivant dans la colonne qui convient :**

autrefois, plus tard, actuellement, maintenant, jadis, prochainement, en ce temps-là, en ce moment.

passé	présent	futur

6 **Rétablis l'ordre de cette phrase :**

allumettes - oie - tu - neuf - le - écrire - Avec - mot - peux.

20 réponses à trouver,
20 points à gagner !

7 exercices de découverte

OBSERVATION

Le pivert

Sais-tu pourquoi le pivert frappe de son bec l'écorce des arbres ? C'est pour en faire sortir les insectes ! Il est surtout un grand amateur de fourmis qui constituent les neuf dixièmes de sa nourriture.

1 Sais-tu pourquoi...
Il s'agit du verbe :

a. servir **c.** savoir
b. avoir **d.** être

2 **Complète :**

des fourmis → une fourm...
Ce mot est un nom au f... . Il se termine au singulier par ... .

3 **Complète :**

Les fourmis constitu... la plus grande partie de sa nourriture.
Cet insecte constitu... un plat que le pivert appréci... .

4 **Complète :**

un dixième	→	dix
un douzième	→	...
un vingtième	→	...
un ...	→	cent
un ...	→	mille

5 **Chaque mot de l'ensemble A correspond à un mot de l'ensemble B. Relie les mots de A et les mots de B entre eux.**

A	B
souhaiter	aimer
amateur	accord
gagner	souhait
contrarier	respect
respecter	contraire
accorder	gain

6 Sais-tu pourquoi ? **Cette phrase se termine par un point d'interrogation parce qu'on pose une ... .**
Réponds avec le verbe savoir **:**

— Oui, je le ... .
— Oui, elle le ... .
— Oui, ils le ... .

20 réponses à trouver,
20 points à gagner !

Un gros bébé

A la naissance, le bébé rhinocéros pèse 30 kilos, mais n'a pas encore sa corne. Il va téter sa mère pendant deux ans. Après une enfance qui durera sept ans, il sera adulte et pèsera environ une tonne !

1 **A quels temps sont les deux verbes** peser **du texte ?**

2 **Parmi les mots suivants, quels sont ceux qui marquent l'idée de posséder quelque chose ?**
nos, sa, cet, son, ses, ces, ceci, le sien, leur, celui-ci.

3 **Ecris au pluriel cette phrase du texte :**
Les ... rhinocéros ... 30 kilos mais ... pas encore ... corne.

4 **Parmi les mots suivants, deux seulement sont de la famille de** téter. **Lesquels ?**
têtard - tétine - têtu - tétée - entêté.

5 **Complète :**

enfant	⟶	enfance
important	⟶	...
obéissant	⟶	...
...	⟶	ignorance
élégant	⟶	...
...	⟶	abondance

6 **Classe ces noms de personnes du plus jeune au plus vieux :**
adulte - enfant - vieillard - bébé - adolescent.

20 réponses à trouver, 20 points à gagner !

9 exercices de découverte

OBSERVATION

Une recette peu connue

Voici une nouvelle recette inventée par un cuisinier américain ! Faire bouillir des vers de terre pour qu'ils *soient* plus faciles à digérer. Les placer ensuite dans un four chaud pendant un quart d'heure. Il *paraît* que cela *ressemble* alors à des frites !

1 **Combien y a-t-il de quarts d'heure dans une heure ?**

2 **Trouve l'infinitif des trois verbes en italique dans le texte.**

3 **Complète :**

nouveau	⟶	nouvelle
…	⟶	jumelle
cerveau	⟶	…
…	⟶	prunelle
…	⟶	belle

4 **Termine les phrases suivantes en choisissant des mots de la famille de** bouillir **:**

On peut se brûler avec de l'eau bouill… .
Le torrent descendait en bouill… .
La nuit, il se réchauffe les pieds avec une bouill… .

5 **Cherche quatre mots de la famille de** terre.
Tu observes qu'ils s'écrivent tous avec 2 … .

6 Ver **(de terre),** verre **(pour boire),** vers **(indiquant une direction) ou** vert **(couleur) ? Complète :**

Il porte un pantalon … .
Elle a bu un … de limonade.
On a acheté des … en cristal.
Le pêcheur a mis un … au bout de l'hameçon.

20 réponses à trouver,
20 points à gagner !

Un plat curieux

Dans un restaurant, Alphonse Allais passait sa commande :
- Garçon, comme hors-d'œuvre, vous me donnerez des fautes d'orthographe.
- Monsieur, nous n'en servons pas.
- Ah bon ? Alors pourquoi les mettez-vous sur le menu ?

1 Garçon, vous servirez ce monsieur.
Vous **représente :**

a. Une personne. **b.** Deux personnes.
c. Plusieurs personnes.

2 **Complète :**

commander	⟶	une ...
...	⟶	une demande
...	⟶	une caresse
se quereller	⟶	...

3 **Avec** per-, pro-, re-, sou-, com-, ad-, **écris des mots de la famille de** mettre.

4 **Hors-d'**œuvre, **chef-d'**œuvre, **dés**œuvré, **main-d'**œuvre, **man**œuvre.
Choisis, parmi ces mots de la famille de œuvre, **ceux qui correspondent aux définitions suivantes :**

a. Ensemble d'ouvriers.
b. Meilleure œuvre d'un auteur.
c. Plat froid que l'on sert au début du repas.
d. Ouvrier faisant des travaux qui demandent surtout de la force.
e. Celui qui ne fait rien et qui ne cherche pas à s'occuper.

5 **Parmi les mots suivants, quels sont ceux qui ont un rapport avec l'idée de restaurant ?**

un pétard - un oreiller - un menu - une ambulance - l'addition - une omelette - une manivelle - une sauce.

20 réponses à trouver,
20 points à gagner !

Règles

Règles d'orthographe

• Après un rappel des notions de base, les règles étudiées regroupent sous quatre rubriques :
- l'orthographe d'usage,
- les homophones grammaticaux,
- les accords en genre et en nombre,
- la connaissance des formes verbales.

• Un renvoi à la page de correction indique que l'exercice est autocorrectif.

• **Les mots A SAVOIR** sont répartis tout au long des leçons. Ils sont toujours accompagnés d'exercices spécifiques facilitant leur apprentissage.

• La plupart des exercices demandent cinq, dix ou vingt réponses pour faciliter l'évaluation et le calcul d'une note.

1 le groupe nominal

ÉTUDE DES RÈGLES

1 **Parmi ces mots, quels sont ceux qui peuvent être mis dans le creux de la « cuillère » ?**

nous, le, un, leurs, être, où, quelques, nos, ces, on, ton, une, elle, du, chaque.

Correction p. 170 Réussite : /10

2 **Dessine une « cuillère » sous chaque groupe nominal.**

La girouette est rouillée. • Ma sœur aime les noisettes mais moi, je préfère les amandes. • Il a acheté un cadenas. • Veux-tu quelques bonbons ? • Les lecteurs ont répondu à notre enquête. • Quel inventeur ! • As-tu transmis mon message ?

Correction p. 176 Réussite : /10

3 **Relève les noms de la liste suivante en ajoutant un de ces déterminants :** un, une, le, la ou l'.

applaudir, plaisanter, respect, plaisanterie, solidité, beauté, gentillesse, majestueux, léger, santé, merveille, respecter, délicieux, légèreté, réalité, épais, épaisseur.

Correction p. 179 Réussite : /10

4 **Parmi ces mots, quels sont ceux qui peuvent être mis dans le creux de la « cuillère » ? Écris-les avec un nom.**

Ex. : des → des chats.

des, les, il, tes, son, qui, vos, certains, leur, avoir, plusieurs, l', mon, y, eux, ses.

Réussite : /10

5 **Dessine une « cuillère » sous chaque groupe nominal.**

Le langage de ce petit garçon est difficile à comprendre. • Voici un médicament efficace. • Il a mangé un gros artichaut. • Regarde cette très vieille photographie. • Elle portait un vieux maillot rouge. • Il a manqué l'école à cause d'une grave indigestion. • Elle va faire passer une petite annonce. • J'ai obtenu de bons résultats.

Réussite : /10

6 **Relève les noms de la liste suivante en ajoutant un déterminant** (un, une, le, la ou l') :

actuel, résister, énergie, actualité, faiblesse, profond, bénéfice, afficher, profondeur, content, impolitesse, facilité, se moquer, bonheur, solitude, brumeux, présence.

Réussite : /10

A SAVOIR

un tambour	se tromper	semblable
un champion		s'**em**parer
l'impolitesse	humble	trembl**er**
impoli	humilier	un trembl**ement**
importer		**tremp**er
un imperméable	long**temps**	un **rem**part

7 **Relève les verbes contenus dans la liste ci-dessus.**

8 **Écris le contraire de** poli, politesse, perméable (qui laisse passer l'eau), exporter (vendre des produits à l'étranger).

9 **Écris les mots** A SAVOIR **en deux groupes : ceux où** n **est devenu** m **avant un** b **; ceux où** n **est devenu** m **avant un** p.

10 **Complète ces phrases ou expressions par un mot** A SAVOIR.

Il voulait ... son frère par des insultes. • Elle est sortie depuis ... . • Du château, il ne reste que les ... . • C'était un homme ... et discret. • Il brisa le tiroir pour ... des bijoux.

A RETENIR

• **Le groupe nominal** ou **groupe du nom** est formé, à la base, d'un nom. Ce nom est toujours précédé d'un déterminant (*un, une, le, la, des, mon, ma, mes...*). Il peut être accompagné d'un ou deux adjectifs qualificatifs (un *petit* livre *pratique*).

2 le pronom

ÉTUDE DES RÈGLES

11 **Remplace chaque groupe de mots en italique par un pronom.**

Le jeune garçon sourit péniblement. • *La chatte* se coucha devant ses petits. • *Le saule et le noisetier* pliaient sous le vent. • *Les trous de la tétine* étaient trop gros. • *Les hommes de l'immeuble* sont partis à l'usine. • *La porte d'entrée* s'ouvrit. • *Toute la famille* s'était endormie. • *La fillette et son père* virent sortir un vieux paysan. • *Les deux femmes* entrèrent d'un pas décidé. • *Les hélicoptères* survolaient les sapins.

Correction p. 170 Réussite : /10

12 **Entoure chaque pronom par un « huit ».**

- Tes amies te donnent ça !
- Tu les as vues ?
- Oui, je suis allé leur dire au revoir.
- Elles étaient tristes de partir ?
- Oui. Je crois qu'elles garderont un très bon souvenir de ces vacances. Surtout, elles ne t'oublieront pas !

Correction p. 176 Réussite : /10

13 **Pour chaque mot en italique, dessine soit la « cuillère » du groupe nominal, soit le « huit » du pronom.**

Ex. : *Je* regarde *une émission intéressante.*

Je croyais que *je l'*avais mis dans *la valise*. • *Elle* regarda *sa fille*. • *J'*espère que *vous nous* aiderez à préparer *les crêpes*.

Réussite : /10

14 **Même consigne.**

Ils restèrent sur *le banc* et mangèrent *le sandwich* que *leur maman leur* avait préparé. « Merci de *votre aide*, dit *mon oncle*. *Vous nous* avez rendu *un grand service* ».

Réussite : /10

15 **Relève tous les pronoms qui figurent dans le texte suivant.**

Ils ouvrirent la porte de la camionnette et firent descendre le cheval. Ils le caressèrent. Joé le conduisit jusqu'à l'enclos. Ce cheval lui avait causé bien des ennuis. Une mauvaise chute aurait dû le conduire à l'abattoir. Mais il l'aimait trop et l'avait fait soigner. Maintenant, il ne pouvait plus courir.

Réussite : /10

A SAVOIR

un chevr**eau**	les échecs	le chôm**age**
un chevr**euil**	un échec	un chôm**eur**
	échouer	de la peluche
un capuchon	franchir	un chèque
un cachet	achever	un artich**aut**
un chirurgien	s'acharner	pénétrer

16 **Relève les verbes contenus dans la liste ci-dessus.**

17 **Relève les mots qui ont un accent.**
Si tu enlevais cet accent, quels sont ceux qui ne changeraient pas de prononciation ? Souligne-les.

18 **Parmi les mots** A SAVOIR, **trouve les noms désignant :**

1. des animaux vivants. • 2. un tissu doux pour fabriquer des jouets. • 3. un jeu dans lequel il y a deux rois et deux reines. • 4. un légume. • 5. des personnes. • 6. un vêtement. • 7. un morceau de papier qui a beaucoup de valeur. • 8. ce que la poste imprime sur une enveloppe.

19 **Quels sont les mots qui contiennent :**

1. deux fois la lettre **t** ? 2. deux fois la lettre **a** et deux fois le son *a* ? 3. le son *o* ? 4. **ch** au début de la dernière syllabe.

A RETENIR

• **Le pronom** remplace un groupe du nom (déterminant + nom). Il faut toujours savoir ce que représente chaque pronom. Son orthographe et celle d'autres mots de la phrase en dépendent.

3 l'adjectif et le verbe

ÉTUDE DES RÈGLES

20 **Classe les mots suivants en deux groupes : le groupe des adjectifs et le groupe des verbes.**

trembler, relever, profond, s'éloigner, attentif, organiser, sentir, furieux, meilleur, agrandir, magnifique, propre, demander, agréable, lire, possible, remplir, répondre, triste, gentil.

Correction p. 170 Réussite : /10

21 **Classe les mots en italique suivant qu'ils sont des adjectifs ou des verbes.**

Les maisons *démolies* seront remplacées par des espaces verts. • Les murs *peints* en blanc *renvoient* la chaleur. • Je jette les roses *flétries*. • Les prunes très *mûres tombent* de l'arbre. • Je *peins* un tableau pour la fête des mères. • Les poules, *endormies*, n'entendent pas le renard qui *se glisse* dans le poulailler. • Laissez ces portes *ouvertes* ! Réussite : /10

A RETENIR

- **Les adjectifs** et **les verbes** sont des mots qui peuvent varier, mais qui ne portent pas les mêmes marques.
- L'adjectif et le participe passé peuvent porter les marques du féminin (e) ou du pluriel (s).
- Le verbe porte les terminaisons de la conjugaison.

22 **Voici des phrases négatives, prononcées par « P'tit Non ». Rends-les affirmatives, c'est-à-dire fais-les dire à « P'tit Oui ».**

Il ne se dirigeait pas vers le port. • Les meubles n'étaient plus à leur place. • Tu n'as pas mangé depuis hier soir. • Ils ne trouveront plus de muguet. • Je n'ai jamais dormi dans un lit comme celui-ci. • Nous n'ignorons plus que beaucoup de gens ont faim. • Je n'ai guère de travail. • Elle n'a jamais acheté de livres. • As-tu une paire de ciseaux ? Non, je n'en ai point. • Je n'ai plus très faim. Correction p. 170 Réussite : /10

23 **Même consigne.**

Ce n'est pas mon chien. • Je n'ai jamais vu de hiboux. • Tu ne descends plus à la cave avec moi ? • Je n'aurai pas le temps. • Tu ne le connais guère. • Tu n'as donc pas remarqué que j'ai lavé les rideaux ? • Il ne savait pas jouer aux cartes. • Les volets n'avaient jamais été repeints. • Je ne veux pas monter à cheval. • Je ne distingue rien. Réussite : /10

A RETENIR

La négation est formée de deux mots qui encadrent le verbe :
- 1er élément : *ne* ou *n'* (avant une voyelle) ;
- 2e élément : *pas, plus, rien, jamais, que, point...*

Si le verbe est à un temps composé, la négation encadre l'auxiliaire : *il n'a pas voulu*.

A SAVOIR

facile	é**loign**er	gentil
facilement	**simpl**ifier	la gentil**lesse**
	a**grand**ir	genti**ment**
plaisanter	im**mobile**	lai**d**
une **plaisant**erie	l'im**mobil**ité	gai
la rou**ge**ole	la faib**lesse**	

24 **Quel adjectif correspond à chacun des noms suivants ?**
la rougeole, la laideur, la gaieté, une plaisanterie, la gentillesse.

25 **Parmi les mots** A SAVOIR, **trouve un contraire de ces mots :**
difficilement, méchamment, la mobilité, la force, rapprocher.

26 **Trouve les verbes qui correspondent à ces adjectifs. Écris-les.**
simple, plaisant, loin, grand, rouge.

27 **A quel adjectif correspond chacun de ces verbes ?**
rougir, immobiliser, grandir, affaiblir, faciliter.

A SAVOIR

un **éclair**	satisf**ait**	la clarté
éclairer	la satisfaction	une **clair**ière
l'**éclair**age		
maigrir	un **éclair**eur	une librairie
la **maigr**eur	du maïs	une araign**ée**
soustr**aire**	raide	un qu**ai**

28 **Parmi les mots de la liste ci-dessus, quels sont ceux qui ont un** i **qui correspond au son** *i* **?**

29 **Relève tous les mots de la famille de** clair.

30 **Quels mots** A SAVOIR **correspondent aux mots suivants ?**
satisfait, libraire, maigrir, raideur, éclairagiste.

31 **Quel verbe correspond à chacun de ces noms ?**
une soustraction, la maigreur, la raideur, l'éclairage, la satisfaction.

32 **Dans les mots** A SAVOIR, **trouve le nom :**
1. d'un magasin. • 2. d'une céréale. • 3. d'une partie de la forêt. • 4. d'un petit animal venimeux dont certaines glandes sécrètent du venin, d'autres de la soie. • 5. d'un trottoir plus haut que la voie ferrée, dans une gare.

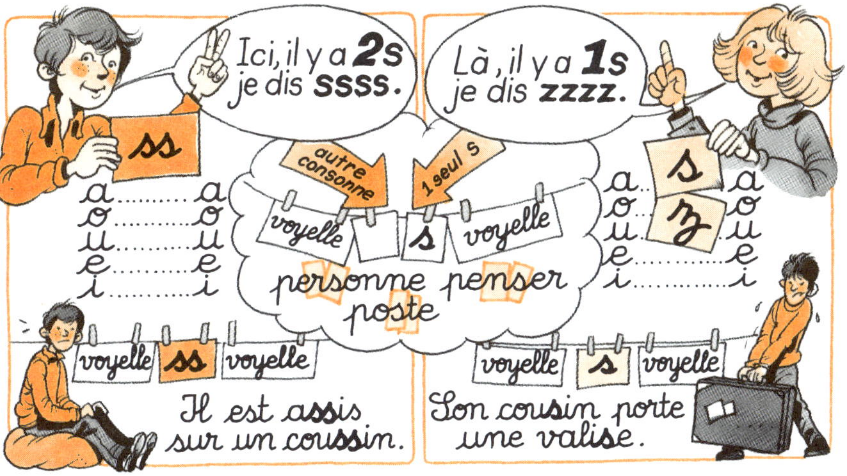

33 **Prononce ces mots, puis complète par** s **ou** ss.

une ca...ette, une blou...e, un commi...aire, un ro...ignol, nui...ible, dépa...er, pe...er, une phra...e, un cla...ement, des ro...eaux.

Correction p. 170 Réussite : /10

34 **Choisis entre** s **ou** ss **pour représenter le son** *sss*.

ab...ent, la gentille..e, bon...oir, une récompen...e, obéi...ant, un me...age, ver...er, gro...ier, con...ulter, une ob...ervation.

Correction p. 176 Réussite : /10

35 **Complète par** s **ou** ss.

po...éder, dégui...er, une pré...ence, pre...er, réu...ir, hé...iter, un arrondi...ement, l'arro...age, un vai...eau, un pa...ant.

Réussite : /10

36 **Même consigne.**

une cap...ule, sen...ible, de la grai...e, un con...eil, ain...i, une ble...ure, mon...ieur, per...onnel, de...ous, une pen...ion.

Réussite : /10

A RETENIR

- Le son *s* s'écrit avec **deux s** quand il est **entre deux voyelles**.
- Le son *z* s'écrit très souvent avec la lettre **s** et parfois avec la lettre **z**.

En début de mot, le son *z* s'écrit toujours avec un **z**.

A SAVOIR

treize	seize	**deux**ième
treizième	seizième	**deux**ièmement
quinze		épuiser
un **abus**	un **désir**	oser
abuser	**désir**er	
un rasoir	autoriser	une fusée

37 **Quel verbe correspond à chacun de ces noms ?**
un abus, l'épuisement, un désir, une autorisation, un rasoir.

38 **Relève les mots où le son *z* s'écrit avec un** z. **Peux-tu écrire le son *z* avec un** x **? Prouve que ta réponse est exacte en prenant deux exemples parmi les mots** A SAVOIR.

39 **Relève les mots où le son *z* s'écrit avec un** s **entre deux voyelles.**

40 **Quel mot correspond à chacune de ces définitions ?**
1. Objet volant. • 2. Objet qu'on pourrait appeler un coupe-poils. • 3. Un, plus deux demi-douzaines. • 4. Permettre. • 5. Dépasser les limites, exagérer.

41 **Prononce chaque mot lentement. Si tu changes un seul son, tu trouveras un mot** A SAVOIR. **Écris-le.**
Ex. : *ruser* (ou *rusée*) devient *fusée* si on change le **r** en **f**.
amuser, tresse (une *tresse* de cheveux), cesse (du verbe *cesser*), quinte (une *quinte* de toux), délirer.

A SAVOIR

remarquer	second	moqu**eur**
remarquable	une **seconde**	la moqu**erie**
	secondaire	
un moust**ique**		
le plast**ique**	**taquin**er	un dialogue
un élast**ique**	quotid**ien**	un orgue
ident**ique**	le lan**gage**	

42 **Quels mots contiennent le son *k* écrit avec** qu **?**

43 **Écris les mots** A SAVOIR **qui se terminent par** -ique.

44 **Dans quels mots ci-dessus le son *g* s'écrit-il avec un** c **?**

45 **Écris les mots** A SAVOIR **qui sont de la famille de ces mots :**
se moquer, taquin, langue, une remarque, identité.

46 **Complète par des mots** A SAVOIR.
Un organiste joue de l' … . • Les deux présidents ont renoué le … . • Il aimait beaucoup … sa sœur. • Il rangea les paquets dans un sac en … . • Un … est un journal.

47 **Complète par** g **ou** gu.

une ...irlande, le lan...age, une ...alerie, un ...érisseur, ...ider, ...onfler, ...ignol, ...etter, é...al, un navi...ateur.

Correction p. 170 Réussite : /10

48 **Complète par** c **ou** qu.

un ban...ier, une cas...ette, ...inze, des hari...ots, une sa...oche, un ...aprice, une éti...ette, un co...illage, une ex...use, le...el.

Correction p. 176 Réussite : /10

49 **Complète par** g **ou** gu.

...ourmand, un ...ant, se dé...iser, ...ère, un ...ichet, une ...enille, ...oudronner, une or...anisation, ré...ulièrement, ai...iser.

Réussite : /10

50 **Complète par** c **ou** qu.

les va...ances, tran...ille, un ...amp, un élasti...e, vain...u, le vain...eur, minus...ule, mé...ontent, un par...et, fré...enter.

Réussite : /10

A RETENIR

- **g** avant **a**, **o**, **u** correspond au son *g* de *gare*. Avant **e** et **i**, on écrit **gu** pour garder le son *g*.
- **c** avant **a**, **o**, **u** correspond au son *k* de *cave*. Avant **e** et **i**, on écrit **qu** pour garder le son *k*.

7 g / ge ; c / ç

ÉTUDE DES RÈGLES

51 **Complète par g ou ge.**

éner...ique, un diri...able, un villa...ois, une ...irouette, chan...ant, un ca...ot, l'ima...ination, nous voya...ons, ...entil, des na...oires. Correction p. 170 Réussite : /10

52 **Complète par c ou ç.**

de l'a...ier, effa...er, un gar...on, capri...ieux, ...ela, une balan...oire, une le...on, un ly...ée, le domi...ile, un pro...ès. Correction p. 176 Réussite : /10

53 **Complète par g ou ge, c ou ç.**

nous mélan...ons, gra...ieux, un plon...on, un poin...on, un con...ert, un en...in, un bour...ois, un ma...on, une oran...ade, la publi...ité. Réussite : /10

A RETENIR

- Pour pouvoir correspondre au même son que **j**, la lettre **g** doit toujours être suivie d'un **e** ou d'un **i**. Si ce n'est pas le cas, on ajoute un **e**.
- Pour correspondre au son *s*, la lettre **c** doit toujours être suivie d'un **e** ou d'un **i**. Si ce n'est pas le cas, on écrit **ç**.

54 **Complète par** il **ou** ille.

de la vola..., un écureu..., une grose..., le béta..., une feu..., de la rou..., un épouvanta..., il a somme..., une ore..., une méda... .

Correction p. 170 Réussite : /10

55 **Complète par** ill **ou** y.

merve...eux, ta...er, pa...er, appu...er, une mo...enne, se débrou...er, envo...er, déra...er, un ra...on, des éca...es.

Correction p. 176 Réussite : /10

56 **Même consigne.**

vo...ager, vous fu...ez, une trouva...e, vie...e, essa...er, un cra...on, le gru...ère, de la ferra...e, nous trava...ons, ennu...eux.

Réussite : /10

A RETENIR

- On écrit **aill(e)**, **eill(e)**, **euill(e)**, **ouill(e)** (avec deux l) dans les noms, dans les verbes et à la fin des noms au féminin. Au masculin, les noms se terminent par **ail**, **eil**, **euil**, **ouil**.
- Les écritures **oy**, **ay**, **uy** correspondent souvent à un mot en **oi**, **ai**, **ui** dans la même famille : *employer* → *emploi*.

A SAVOIR

témoigner	per**cer**	ceci
un **témoign**age	per**çant**	cela
un **témoin**		ceux-là
	un soup**çon**	**ça**
régner	un hame**çon**	un **gui**don
épargner	une fa**ça**de	**gui**gnol
un champignon		mignon

57 **Relève les mots qui s'écrivent avec un ç. Souligne la voyelle qui suit le ç.**

58 **Trouve les mots** A SAVOIR **qui ont le son** *gn*. **Écris-les.**

59 **Quels mots** A SAVOIR **correspondent aux mots suivants ?**
percer, guider, soupçonner, témoigner, une face, mignonne.

60 **Quels verbes sont de la famille de ces mots ?**
un témoin, un règne, l'épargne, une perceuse.

61 **Écris au pluriel :**
celui-là, celui-ci, un soupçon, une façade, un témoin.

62 **Qui est-ce ? Réponds chaque fois par un mot** A SAVOIR.
1. Il est au bout du fil. • 2. Il est sur le vélo. • 3. Elle fait partie de la maison ! • 4. Sur un pied, il porte un chapeau. • 5. On ne voit jamais ses jambes.

A SAVOIR

un saut		**bril**ler
sautiller	le jury	**bril**lant
incr**oy**able	une analyse	un pavi**ll**on
tut**oy**er	un ort**eil**	une moy**enne**
v**oy**ager	le somm**eil**	une **ray**ure
un pyjama	la vol**aill**e	

63 **Relève les mots où** y **se prononce** *i*.

64 **Dans la liste ci-dessus, quels sont les mots qui contiennent** oy **?**

65 **Comment appelle-t-on ?**
1. Un doigt du pied. • 2. Les animaux de la basse-cour. • 3. Des professeurs qui font passer un examen. • 4. La note 10 sur 20. • 5. Une maison dans la banlieue de Paris.

66 **Quels sont les mots** A SAVOIR **qui contiennent** ill **comme dans** fille **?**

67 **Quels mots** A SAVOIR **correspondent aux verbes suivants :**
rayer, sauter, voler, sommeiller, croire.

les accents, le tréma 9

68 **Écris les expressions et mots suivants en mettant les accents ou le tréma. Attache bien les syllabes.**

un des-sin a-ni-me, un ba-ro-me-tre, un che-que, un bles-se, il est ce-le-bre, de l'e-ner-gie, du ma-ıs, une e-ti-quet-te, fie-re-ment, un ge-ant. Correction p. 170 Réussite : /10

69 **Même consigne.**

he-las, l'im-mo-bi-li-te, la le-ge-re-te, la lu-mie-re, un de-pu-te, me-con-tent, l'ou-ıe, un pa-ve, ha-ır, re-ser-ver.

Correction p. 176 Réussite : /10

70 **Recopie les mots suivants en mettant les accents qui conviennent.**

une periode, un beret, une etagere, un reflexe, la securite, une etincelle, obeir, un reglement, un sejour, une reaction.

Correction p. 179 Réussite : /10

71 **Même consigne.**

preferer, la generosite, un benefice, un medicament, un echec, legere, reserver, une quantite, enormement, degager.

Réussite : /10

72 **Écris les mots suivants en ajoutant les accents ou le tréma.**

pe-ne-trer, la re-a-li-te, le te-le-pho-ne, la ve-ri-te, mal-gre, na-ıf, im-per-me-a-ble, re-fle-chir, la co-le-re, tie-de.

Réussite : /10

73 **Complète les mots de la liste de droite par un accent circonflexe après avoir tracé la flèche qui convient.**

forestier	se vetir
bestiole	hopital
veste	bete
festin	foret
hospitaliser	fete

Réussite : /10

A SAVOIR

un passager	un **ser**pent	un potager
un cordo**nnier**	l'in**ver**se	un oranger
un épic**ier**	pate**rnel**	un chantier
de l'ac**ier**	in**cer**tain	
la douane	l'en**fer**	un con**cert**
un douan**ier**		le can**cer**

74 **Relève les mots qui contiennent le son *é* écrit** er.

75 **Dans la liste ci-dessus, il y a des mots où** e **se prononce comme dans** fer **ou** mer**. Lesquels ? Écris-les.**

76 **Les syllabes de trois mots** A SAVOIR **ont été mélangées. Retrouve ces mots.**

ran - en - pent - fer - o - ser - ger.

77 **Quels sont les mots qu'on peut écrire au féminin ?**

78 **Quels mots** A SAVOIR **sont de la même famille que :**

épice, orange, passer, cordon, certainement, inverser, serpenter ?

79 **Devinettes sur les mots** A SAVOIR.

1. Quel est le mot qui contient deux fois le son *é* mais qui n'a qu'un seul accent ? • 2. Quel mot est écrit avec les lettres de *rongera* ? • 3. Quel mot est écrit avec les lettres de *craie* ? • 4. Dans quels mots entend-on *oi* mais ne voit-on pas **oi** ? • 5. Dans quels mots trouve-t-on deux fois la lettre **c**, mais une seule fois le son *k* ?

A RETENIR

- Les différents accents sur le **e** sont l'**accent aigu (é)**, l'**accent grave** (**è**) et l'**accent circonflexe** (**ê**).
- L'**accent circonflexe** remplace une lettre disparue, souvent un **s**.
- **e** se prononce comme **è** quand il **n'est pas à la fin** de la syllabe écrite. Il n'a pas d'accent : *mer.ci, per.du* .
- On utilise le tréma pour montrer que deux voyelles se lisent séparément.

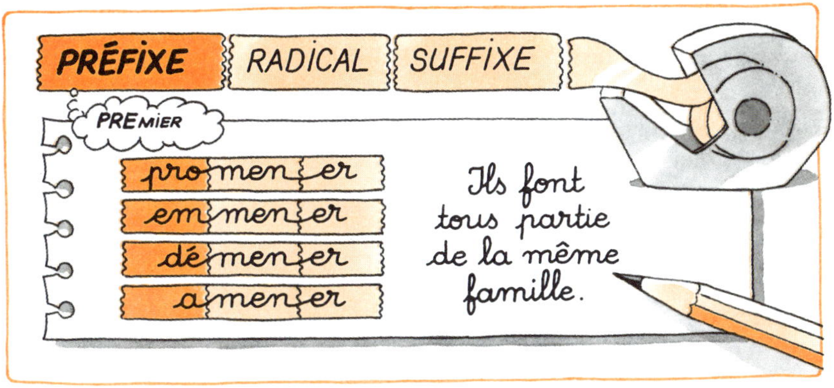

80 **Enlève le préfixe de chacun des verbes suivants pour trouver un nouveau verbe.**

Ex. : **en**fermer → fermer.

agrandir, appartenir, décoller, surprendre, réchauffer, repousser, (s')écrier, dégeler, sursauter, rallumer.

Correction p. 170 Réussite : /10

81 **Supprime les préfixes. Quels nouveaux adjectifs obtiens-tu ?**

impoli, mécontent, inhumain, incertain, malheureux, impossible, insensible, immobile, invariable, maladroit.

Réussite : /10

82 **Ajoute un préfixe à chacun de ces verbes pour trouver un nouveau verbe.**

Ex. : dire → **pré**dire.

goûter, prendre, descendre, poser, passer, donner, fuir, monter, vêtir, porter. Réussite : /10

A RETENIR

Le radical est le morceau du mot qui porte l'essentiel du sens. Il ne change pas d'orthographe dans une famille de mots. Ainsi, les mots de la famille de *promener* s'écrivent tous avec le radical *-men-*.

Le préfixe est soudé au début du radical. Il en modifie le sens : *promener, emmener, démener, amener*, etc. Tous les mots n'ont pas obligatoirement un préfixe : *long, rang, chat...*

A SAVOIR

surveiller	le dé**gel**	pair
un **surveill**ant	dé**gel**er	im**pair**
re**jet**er	dépasser	in**sens**ible
re**lev**er	entr**ouvert**	in**sépar**able
re**tard**er	relier	une indigestion
re**pouss**er	rede**scend**re	

83 **Écris le contraire de ces mots en ajoutant un préfixe.**
geler, sensible, gel, pair, digestion, séparable.

84 **Parmi les mots** A SAVOIR, **quels sont ceux qui sont formés d'un préfixe ajouté aux verbes suivants :**
jeter, tarder, descendre, lever, lier, pousser, geler, veiller.

85 **Écris les mots qui contiennent l'un de ces préfixes :**
entr-, in-, dé-, sur- .

86 **Voici une liste de dix mots. Quels sont ceux qu'on retrouve avec un autre préfixe parmi les mots** A SAVOIR **?**
Ex. : surgeler : oui (*dégeler*) ; interdire : non (pas de mot de la famille de *dire* parmi les mots A SAVOIR).
projeter, réveiller, comprendre, congeler, repasser, imperméable, élever, attarder, débarquer, délier.

A SAVOIR

une **barre**	une noi**sette**	une trompe**tte**
une **barr**ette	un noise**tier**	une sonne**tte**
une clôture	un **blessé**	une casse**tte**
clôturer	une **bless**ure	
une moby**lette**	une **ceint**ure	des frites
une camion**nette**		de la frit**ure**

87 **Écris les verbes qui correspondent aux noms suivants :**
une addition, un son, une blessure, une barre, une clôture.

88 **Comment appelle-t-on ?**
1. Ce qu'on a quand on a été blessé. • 2. Une petite trompe. • 3. Un objet en forme de petite barre. • 4. Une sorte de petite noix. • 5. Un petit camion. • 6. Ce que l'on a fait frire. • 7. Ce qui tient le pantalon. • 8. Ce qui sert à clore un terrain.

89 **Quels noms correspondent à ces verbes :**
blesser, sonner, frire, ceindre, barrer.

90 **Parmi les mots** A SAVOIR, **quels mots désignent :**
un arbre ; une barrière ; une victime d'accident ; un étui contenant une bande magnétique ; une sorte de bicyclette à moteur ?

91 **Enlève le suffixe de chacun des verbes suivants pour trouver un nom.**

Ex. : sautiller → saut.

accorder, prêter, sauter, goûter, assassiner, ranger, écarter, profiter, abuser, refuser. Correction p. 170 Réussite : /10

92 **Enlève le suffixe de chacun des noms suivants pour trouver un adjectif.**

hauteur, nouveauté, profondeur, faiblesse, pauvreté, lenteur, lourdeur, propreté, saleté, finesse. Réussite : /10

93 **Ajoute un suffixe à chacun de ces mots pour trouver un nouveau mot.**

Ex. : courage → courageux.

bavard, retard, chant, souhait, arrêt, respect, dessin, camp, bond, serpent. Réussite : /10

A RETENIR

Le suffixe est soudé à la fin du radical. Il peut modifier la catégorie grammaticale d'un mot. Le suffixe **-ade** change ainsi le verbe *promener* en nom : *promener* → *promenade.*

Tous les mots n'ont pas obligatoirement un suffixe : *jour, chat, nom...*

12 les liens de parenté

ÉTUDE DES RÈGLES

94 **Complète les adjectifs.**

Elle est heureuse ; il est heur… . • Elle est courageuse ; il est courag… . • Un garçon sérieux ; une fille séri… . • Une histoire merveilleuse ; un conte merveill… . • Ils sont nombr… ; elles sont nombreuses. • Il est nerveux ; elle est nerv… . • Une plante vénéneuse ; un champignon vénén… . • Une vipère venimeuse ; un serpent venim… . • Un homme frileux ; une personne fril… . • Une route dangereuse ; un virage danger… .

Correction p. 170 Réussite : /10

95 **Complète l'ensemble de droite par** ant **ou** an **après avoir tracé les flèches qui conviennent.**

une bête attachante →	un caractère change…
une chatte persane	un homme élég…
une femme élégante	un pays…
une église romane	un animal attach…
une humeur changeante	un fait troubl…
une parole encourageante	un propos encourage…
une paysanne	un chat pers…
une gitane	un clocher rom…
une aventure troublante	un accident sangl…
une révolution sanglante	un git…

Correction p. 177 Réussite : /10

96 **Complète l'ensemble de droite par** ain **ou** in **après avoir tracé les flèches qui conviennent.**

vilaine	cert…
divine	le village vois…
humaine	fémin…
certaine	vil…
ma cousine germaine	coqu…
la ville voisine	loint…
féminine	hum…
lointaine	div…
fine	f…
coquine	mon cous… germ…

Correction p. 179 Réussite : /10

97 **Complète l'ensemble de droite par** eau **ou** au **après avoir retrouvé dans l'ensemble de gauche le mot qui correspond.**

Ex. : un anim**al** → des anim**aux** ; belle → **beau**.

nouvelle	chaleur	cerv…	chev…x
jumelle	muselière	ch…d	cela v…t
cheval	valoir	nouv…	ruiss…
cervelle	carrelage	carr…	morc…
ruisseler	morceler	mus…	jum…

Correction p. 181 Réussite : /10

98 **Complète l'ensemble de droite par** ai **ou** ei **après avoir retrouvé dans l'ensemble de gauche le mot qui correspond.**

Ex. : aller → je vais.

avoir	clarté	une r…ne	je s…s
tracer	savoir	satisf…re	ser…ne
régner	secrétariat	un tr…t	de la gr…sse
gras	sérénité	secrét…re	la n…ge
satisfaction	névé	j'…	cl…r

Réussite : /10

99 **Complète les adjectifs.**

Elle est neuve ; il est neu… . • Elle est veuve ; il est veu… . • Une émission instructi… ; un livre instructif. • Une douleur vive ; un froid vi… . • Elle est naï… ; il est naïf. • Une fille acti… ; un garçon actif. • Elle est attentive ; il est attenti… . • Une bête craintive ; un animal crainti… . • Une phrase négati… ; un résultat négati… . • Elle est pensi… ; il est pensi… .

Réussite : /10

100 **Même consigne.**

Une voiture française ; un bateau franç... . • Une femme distraite ; un conducteur distr... . • Une journée printanière ; un temps printan... . • Une rue étroite ; un passage étr... . • Elle est mignonne ; il est mign... . • Une route forestière ; un chemin forest... . • Une maison ancienne ; un immeuble anc... . • La langue écrite ; un message écr... . • Quelle laideur ; il est vraiment lai... . • Une entrée gratuite ; un billet grat... .

Réussite : /10

A SAVOIR

arroser	plaisanter	un **usag**er
l'**arros**age	une **plaisant**erie	**usag**é
un **arros**oir		**us**er
réser**ver**	provis**oire**	une ruse
un réser**voir**	des provisions	rusé
se résigner	une livraison	résoudre

101 **Quels noms sont de la famille de ces verbes ?**

livrer, réserver, ruser, arroser, plaisanter.

102 **Quel verbe correspond à chacun de ces noms ?**

l'usure, la résolution, une plaisanterie, un arrosage, une réserve, la résignation.

103 **Trouve un synonyme de ces mots dans la liste** A SAVOIR.

un utilisateur, une farce, une feinte, une citerne, des réserves, usé, malin.

104 **Quel mot** A SAVOIR **correspond à chacune de ces définitions ?**

1. Ce n'est pas définitif ! • 2. Supporter sans rien dire. • 3. Trouver la solution d'un problème. • 4. Qui a beaucoup servi. • 5. Ustensile qui a une pomme au bout du bec !

A RETENIR

La plupart des mots forment des familles ou appartiennent à des séries.

Ex. : famille de *fin* : *finir, finale, finition, définir, indéfini...* ;

série du préfixe *af-* : *affamé, affaire, afficher...* ;

série du suffixe *-eux* : *heureux, courageux, sérieux...* .

Un mot de la même famille peut aider à comprendre et à retenir l'orthographe d'un autre mot : *ronde* fait entendre la dernière lettre muette de *rond* ; *affamé* fait entendre le **a** et le **m** que l'on trouve dans le *aim* de *faim*.

mots commençant par acc, app, att, arr, aff 13

ÉTUDE DES RÈGLES

105 **Chacun des mots suivants a un verbe dans sa famille. Lequel ?**

un accord, un arrosoir, une attaque, l'application, l'accusé, une arrestation, une affirmation, l'arrivée, un accoudoir, un affaiblissement.

Correction p. 170 Réussite : /10

106 **Relève les mots qui ont un verbe dans leur famille.**

un arrondissement, un attelage, un acrobate, afin, une attache, un arrêt, l'atterrissage, après, un apprenti, un apôtre, un accroc, une affiche, l'atelier, l'académie, l'arrosage, une accusation.

Correction p. 177 Réussite : /10

107 **Parmi les mots suivants, dix ont un verbe dans leur famille. Lesquels ? (Les autres sont des exceptions.)**

un arrivage, un apprentissage, un appartement, en arrière, l'approche, l'affolement, affaibli, une attitude, l'attirance, un arrondi, affreux, un appui, l'arrachage, des applaudissements.

Réussite : /10

A RETENIR

• Les mots commençant par **ac-, ap-, at-, ar-, af-** s'écrivent en général avec une consonne double. On trouve très souvent un verbe dans leur famille : *un accord* → *accorder* ; *une affiche* → *afficher*.

• Quelques verbes commençant par **ap-** s'écrivent avec un seul **p** : *apercevoir, aplatir, apaiser, apostropher, etc.*

• Lorsqu'ils n'ont pas de verbe dans leur famille, les mots commençant par **ac-, ap-, at-, ar-, af-** s'écrivent en général avec une seule consonne : *académie, acrobate, après, araignée, atelier...*

A SAVOIR

une an**non**ce
an**non**cer
pro**non**cer
la pro**non**ciation
une pi**sc**ine
l'océan

spécial
spécialement
un **spécia**liste
une spécial**ité**
la simplic**ité**

le public
la public**ité**
faciliter
la facil**ité**
un cerf

108 **Quels noms féminins terminés par** -ité **sont de la famille des adjectifs** facile, simple, spécial, public ?

109 **Parmi les mots** A SAVOIR, **quels sont ceux qui contiennent deux fois le son** *s* **? Écris-les.**

110 **Comment appelle-t-on :**
1. L'ensemble des spectateurs ? • 2. Le mâle de la biche ? • 3. Une personne qui a des connaissances approfondies dans un domaine précis ? • 4. Une vaste étendue d'eau salée entre des continents ? • 5. Un bassin pour nager ?

111 **Complète par le son** *s*.
fa...ilement ; le climat o...éanique ; c'est fa...ile ; un ...ervidé porte des bois ; un ouvrier ...pé...ialisé ; la prononon...iation ; une petite annon...e.

A SAVOIR

une quantité
une omelette
un remède
émigrer
amical
demeurer

dix-huit
dix-neuf
dix-neuvième
quatre-vingts
l'al**ph**abet
une **ph**rase

un millimètre
un baromètre
un quart
un tiers
un caramel

112 **Voici des nombres. Quels sont ceux qui sont représentés dans les mots** A SAVOIR **? Écris-les en lettres.**
10+8 ; 10×9 ; 4+20 ; 10+9 ; 4×20.

113 **Relève les mots** A SAVOIR **qui ont une consonne double.**

114 **Quel mot** A SAVOIR **correspond à chacune de ces définitions ?**
1. Sorte de bonbon. • 2. Résultat d'une division en quatre. • 3. Résultat d'une division en trois. • 4. Suite de mots formant un sens. • 5. Rester.

115 **Écris ces mots en deux groupes : 1. ceux qui figurent dans la liste des mots** A SAVOIR **; 2. ceux qui n'y figurent pas.**
amitié, tiers, immigrer, fier, ombrelle, centimètre, quantité, baroque, car, demeurer, dix-sept, barrière, cantique, quart, émigrer, amicalement, carnet, alphabet, remède.

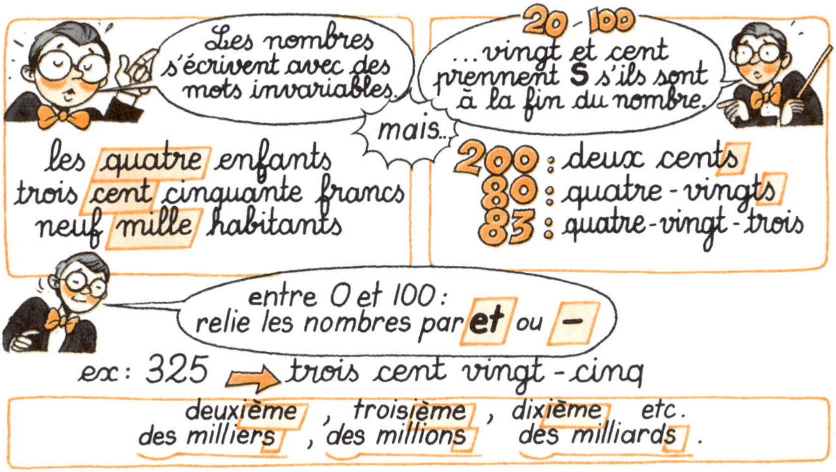

116 **Écris en lettres les nombres suivants :**

6, 7, 8, 11, 12, 13, 14, 15, 16, 19.

Correction p. 171 Réussite : /10

117 **Même consigne.**

10, 20, 30, 40, 50, 60, 70, 80, 90, 100.

Correction p. 177 Réussite : /10

118 **Écris en lettres les nombres contenus dans les phrases suivantes :**

Peux-tu énumérer les **7** jours de la semaine ? • Elle m'a prêté **600** francs. • C'est un village de **3 000** habitants. • Il avait les **4** rois dans son jeu. • J'en ai compté **89** ! • Le voyage dura **36** heures. • Il y avait **108** escargots ! • Ce livre a **266** pages. • Ils étaient **80** dans l'avion. • Pierre était cinquième, Hubert arriva **12e**.

Réussite : /10

A RETENIR

• Les adjectifs numéraux sont invariables. Les mots formant des nombres inférieurs à cent sont reliés par *et* ou par *un trait d'union*.

• On met un **s** à la fin de *vingt* et *cent* s'ils sont à la fin d'un nombre et s'ils sont précédés d'un nombre qui les multiplie.

• *Mille* est invariable, mais on accorde *millier(s), million(s)* et *milliard(s)*.

15 mots invariables

ÉTUDE DES RÈGLES

119 **Complète par les mots de l'ensemble de gauche.**

très près de après auprès exprès	**A** - Il est arrivé longtemps … moi. • Elle ne l'a pas fait … . • Pierre est … content. • Le chien s'est assis … son maître. • On a fait une réclamation … du directeur.
fois parfois autrefois quelquefois toutefois	**B** - Les films sont … très intéressants. • Il a … l'air triste. • Je l'ai vu trois … . • Ce n'est pas grave mais vous devriez … en parler au médecin. • … , la France était un royaume.

Correction p. 171 Réussite : /10

120 **Même consigne.**

tôt bientôt plutôt aussitôt tantôt	**A** - Il s'est levé très … . • Ils sont … gais, … tristes. • Ne mange pas cette orange, prends … cette pomme. • Ce sera … les vacances. • Je l'ai appelé, il est venu … .
tant pourtant autant tant mieux tant pis	**B** - Je l'ai perdu … j'avais fait attention. • Elles ont gagné, … mieux. • C'est une petite voiture comme il y en a … . • Il mange … que moi. • On s'est trompé, … pis !

Correction p. 177 Réussite : /10

121 **Complète par les mots de l'ensemble de gauche.**

avant
devant
davantage
auparavant
dorénavant

A - Il voulait en savoir ... . • ... , c'est à lui que vous paierez les cotisations. • Je suis déjà passée ... ce magasin. • Je l'ai vu ... la récréation. • Raconte-moi cette histoire, mais ... , assieds-toi.

lors de
dès lors
alors
lorsque
dehors

B - Il est resté ... . • ... mon départ, mes amis étaient tristes. • Il se vexa, ... il n'ouvrit plus la bouche. • ... vous serez arrivés, téléphonez-moi ! • Elle hésitait, ... je pris la parole.

Réussite : /10

122 **Même consigne.**

comment
souvent
vraiment
tellement
seulement

A - Il est ... très paresseux. • ... allez-vous ? • Elle vient ... d'arriver. • Dans cette région, il pleut ... . • Il allait ... vite qu'il ne m'a pas vu.

dès que
afin que
parce que
tandis que
pourvu que

B - ...'il fasse beau ! • Elle range bien sa chambre ... ses parents soient contents. • J'ai pris mon manteau ...'il fait froid. • ... le soleil se lève, le coq chante. • ...'il met la table, elle prépare la salade.

Réussite : /10

A SAVOIR

le front	gourmand	l'estoma**c**
la **front**ière	la **gourmand**ise	le tron**c**
le cor**ps**	une perdri**x**	le dépar**t**
le paradi**s**	une noi**x**	un résulta**t**
un villa**ge**ois	l'aspe**ct**	un fai**t**
au moin**s**	distin**ct**	au fai**t**

123 **Écris les mots qui se terminent par une lettre muette.**

124 **Quels noms** A SAVOIR **sont de la même famille que :** gourmand, noisette, partir, tronçon, estomaquer, village ?

125 **Complète par un mot** A SAVOIR.
C'est la ... entre les deux pays. • Ce ... divers est en première page. • Le rose lui donne un ... très gai. • Le ... de ce calcul est exact. • Au ... , quel train prenez-vous ?

126 **VRAI ou FAUX ? Dans les mots** A SAVOIR **:** 1. Trois mots de cinq lettres ont une seule voyelle. 2. Deux mots contiennent le son *o* écrit avec un **o**. 3. Quatre mots ont un **c** muet.

16 a / à

ÉTUDE DES RÈGLES

*Marc **a** une coupe parce qu'il **a** gagné la course.*

avoir une coupe **avoir** gagné

*Marc va **à** l'école.*
*Il apprend **à** nager.*
*Il revient **à** cinq heures.*

à... PRÉPOSITION

127 **Complète par** a **ou par** à.

Elle … été élue présidente. • Il n'… pas aimé mon omelette. • Il continuait … escalader la falaise. • Peux-tu le demander … mes parents ? • Ma sœur … la grippe. • On hésitait … partir. • Le premier … un mètre d'avance sur le deuxième. • Sébastien se mit … crier de toutes ses forces. • Il est … un mètre de moi. • Sophie mangea les trois biscuits … la fois.

Correction p. 171 Réussite : /10

128 **Même consigne.**

Je m'adresse … vous pour obtenir ce renseignement. • L'animal ressemblait … un vieux lion. • Elle … photographié ses parents. • L'arbitre n'… pas sifflé cette pénalité. • C'est le chemin qui mène … la maison. • On n'… plus faim. • Il s'était installé … l'arrière du camion. • Magali posa la souris dans un carton … chaussures. • Pourquoi la chienne …-t-elle le museau si sale ? • C'est une histoire … dormir debout.

Réussite : /10

A RETENIR

• **a** (sans accent) est **le verbe avoir** au présent de l'indicatif, 3e personne du singulier ou l'**auxiliaire avoir** d'un verbe conjugué au passé composé (3e personne du singulier).

• **à** (avec accent) est une **préposition** (*à, de, en, dans, par, pour, sur...*).

129 **Complète par** et **ou par** est.

Mon avion téléguidé … cassé. • La porte de la cave … fermée à clé. • L'hiver vient avec ses nuits froides … ses gelées. • Maintenant qu'il … servi, c'est à mon tour. • Mets-toi là … écris vite. • Ils étaient soixante … onze. • Sa caravane … tournée vers la mer. • Cet homme … très écouté. • Il était parti depuis un mois … demi. • Il la montra du doigt … chuchota quelques mots. Correction p. 171 Réussite : /10

130 **Même consigne.**

Je crois qu'il … caché dans les roseaux. • Ses lèvres tremblaient … ses yeux étaient pleins de colère. • Ils aiment aller … venir. • On … redescendu sans faire de bruit. • Ce gratin n'… pas assez chaud. • Ne montre pas que tu as peur … ne t'énerve pas. • Elle descendit … courut vers moi. • Ce garçon … toujours bien habillé. • …-il encore endormi ? • Il portait un imperméable jaune … bleu. Réussite : /10

131 **Dans un livre ou dans une revue, trouve trois phrases dans lesquelles** est **a été employé comme auxiliaire, puis deux phrases dans lesquelles** est **a été employé comme verbe.** Réussite : /10

A RETENIR

• **et** réunit deux mots, deux expressions ou deux phrases. Il marque une addition. C'est une **conjonction de coordination**.
• **est**, c'est le **verbe être** au présent de l'indicatif ou l'**auxiliaire être** d'un verbe conjugué au passé composé (3e personne du singulier).

A SAVOIR

tard	**bavard**	un brouill**on**
tarder	le **bavard**age	le brouill**ard**
le fond	un pét**ard**	al**ourd**ir
pro**fond**	un buv**ard**	**accord**er
le pla**fond**		un **boulevard**
le plancher	un vagabond	un **gland**

132 **Relève tous les mots terminés par** -ard.

133 **Quels mots** A SAVOIR **sont de la famille des mots suivants ?**
brouiller, vagabonder, lourd, planche, accord.

134 **Quels mots** A SAVOIR **viennent des verbes suivants ?**
tarder, péter, approfondir, (il) buvait, baver.

135 **En complétant avec des mots** A SAVOIR, **écris des couples de mots qui s'opposent.**
tôt et ...... • plancher et ...... • silencieux et ...... • ruelle et ...... • alléger et ....

136 **Complète chaque phrase par un mot** A SAVOIR.
Le ... est le fruit du chêne. • Un ... n'a pas de domicile fixe. • La brume est un léger ... . • Il faut toujours ... le verbe avec le sujet. • Il a d'abord rédigé sa lettre au ... .

A SAVOIR

ad**mir**er	un **har**icot	en**courag**er
l'ad**mir**ation	un **har**eng	dé**courag**er
un **miroir**	un **char**iot	ignorer
un **tir**oir	une girou**ette**	**color**ier
doré	un béret	**mûr**ir
invariable		

137 **Quel nom correspond à chacun de ces verbes ?**
admirer, mirer, tirer, encourager, décourager.

138 **Quels verbes correspondent à ces mots ?**
courage, coloriage, mûr, ignorance, variable, dorure.

139 **Devinette : en changeant de place une seule lettre du mot** haricot, **tu peux écrire un autre mot** A SAVOIR. **Lequel ?**

140 **Écris les mots** A SAVOIR **qui correspondent à ces définitions.**
1. Il coulisse. • 2. Il a des roues. • 3. C'est un légume. • 4. Elle tourne à tous les vents. • 5. Sorte de chapeau.

141 **Écris les mots qui commencent ou qui se terminent par une lettre muette. Vérifie dans un dictionnaire, si nécessaire.**

142 **Complète par** son **ou par** sont.

Il trouvait … logis bien triste ! • La reine cassa … beau miroir. • Ces oiseaux … gracieux. • Ces chanteurs … célèbres. • Le canard enfouit … bec dans la boue. • Ces pages ne … pas illustrées. • Ils … trop bavards. • A-t-elle réussi … permis de conduire ? • Elles … très flattées de ce compliment. • Il cacha … vieux pistolet dans sa ceinture.

Correction p. 171 Réussite : /10

143 **Même consigne.**

…-ils témoins de l'accident ? • Des grains de riz étaient restés collés à … museau. • Mes chaussettes ne … pas trouées. • …-ils élus ? • … rossignol s'est envolé. • L'arbitre a perdu … sifflet. • Les marguerites … en fleur. • Elle a gagné … procès. • …-elles toujours là ? • Ils se … blessés.

Réussite : /10

144 **Écris ces phrases en mettant le sujet du verbe au singulier. Modifie le reste de la phrase en conséquence.**

Ex. : Ils ont perdu leur goûter. → Il a perdu son goûter.

Les enfants sont partis avec leur sac à dos. • Des voyageurs sont descendus du train. • Les surveillants prennent leur repas très tard. • Les photographes sont arrivés. • Ils mangeaient leur omelette en silence.

Réussite : /10

A RETENIR

• **son** est un **adjectif possessif**. Il fait partie du groupe du nom au singulier. Il exprime l'idée de possession.

• **sont,** c'est le **verbe être** au présent de l'indicatif, ou l'**auxiliaire être** d'un verbe au passé composé (3e personne du pluriel).

A SAVOIR

un part**i**	peu	un écrou
un él**u**	un pn**eu**	un bij**ou**
él**ire**	un pavé	le gen**ou**
voter	du p**â**té	un **k**angourou
absol**u**	par**mi**	un **verr**ou
	uni	trouer

145 **Relève tous les mots qui se terminent par la lettre** u, **puis souligne ceux qui se terminent par le son** *u*.

146 **Quel nom** A SAVOIR **correspond à chacun de ces mots ?**
paver, élire, unir, verrouiller, trouer, voter, un pneumatique, un bijoutier, absolument, de la pâte.

147 **Voici toutes les lettres de trois mots** A SAVOIR, **rangées dans l'ordre alphabétique. Retrouve ces trois mots. Écris-les.**
a a b e g k l n o o o o r r r s u u u u v

148 **Quel mot** A SAVOIR **correspond à chacune de ces définitions ?**
1. Entre, au milieu de. • 2. Groupe politique. • 3. Il est gonflé. • 4. Pas beaucoup. • 5. Pierre taillée en forme de cube. • 6. Souvent en or. • 7. Choisir en votant.

A SAVOIR

la honte	le **mal**heur	un bon**homme**
hont**eux**	malheur**eux**	des bon**s**hommes
un ham**eau**	une pan**th**ère	in**humain**
l'**hum**eur	du **th**on	un **hérit**age
un habit	du **thé**	un véhicule
herbivore		un **rh**ume

149 **Relève les mots contenant** th **ou** rh.

150 **Quels mots** A SAVOIR **sont de la famille de ces mots :**
hériter, homme, herbe, honte, véhiculer, enrhumer.

151 **Écris les noms qui commencent par un** h. **Classe-les en deux groupes suivant qu'ils commencent par un** h **aspiré** (le **ou** la **avant le nom) ou par un** h **muet** (l' **avant le nom).**

152 **Quel nom** A SAVOIR **correspond à chacune de ces définitions ?**
1. Poisson qui finit souvent sa vie dans une boîte ronde. • 2. Le léopard en est une. • 3. Très célèbre infusion. • 4. Automobile. • 5. Contraire du bonheur.

153 **Dans quel mot trouve-t-on :**
1. Deux **eu**. • 2. Deux fois un **s** indiquant le pluriel. • 3. Toutes les lettres du mot *chameau*, sauf le **c**. • 4. Un **t** muet. • 5. Le groupe de lettres **nh**.

154 **Complète par** met(s), mais, mes **ou** mai.

Je le … sur le buffet. • Elle est intelligente, … trop lente. • Il … souvent des habits neufs. • Le premier … est la fête du travail. • Il est gentil, … il a peu de patience. • Tu … ce mot entre parenthèses. • On … parfois la charrue avant les bœufs. • J'attends … cousins, … je ne sais pas quel car ils vont prendre. • Le ciel est bleu, … avec quelques nuages.

Correction p. 171 Réussite : /10

155 **Même consigne.**

Je voudrais écouter … disques, … ma chaîne est en panne. • Il … sa chaise tout contre le lit. • Mon père … toujours la clé dans sa poche gauche. • Il est vieux, … encore fort pour son âge. • La femme … les enfants au monde. • Il … le contact, … les voyants ne s'allument pas. • Ce n'est pas sa faute … la tienne. • On n'en veut pas deux, … huit !

Réussite : /10

A RETENIR

- **mais** est une **conjonction de coordination**. Elle marque une opposition, une restriction ou une objection (*belles* **mais** *piquantes*).
- **mets** et **met** sont des formes conjuguées du verbe **mettre**.
- **mes** est un adjectif possessif au pluriel. Il fait partie du groupe du nom. Il exprime l'idée de possession.
- **mai** est le nom du cinquième mois de l'année.

20 ce, cet, cette, ces

ÉTUDE DES RÈGLES

156 **Complète par** ce, cet, cette **ou** ces.

… fusées iront sur la lune. • Connaissez-vous … enfant ? • … écran fera l'affaire. • Qui est l'inventeur de … merveille ? • Attention, … animal est sauvage. • Je préfère utiliser … marteau plutôt que … tenailles. • … cigarette n'est pas éteinte. • Je me souviens de … horrible événement. • Je pense que … exemple suffit. Correction p. 171 Réussite : /10

157 **Même consigne.**

Je reprendrais bien de … fromage. • … camionnette roule trop vite. • Je voudrais vivre dans … île. • Mets … bonnet, tu auras moins froid. • … enfant va nous aider car il est fort. • … grève risque de durer longtemps. • … appartement est exposé au sud. • Toutes … fleurs se ressemblent. • … attaque des ailiers ne donne pas de résultats. • … anneau est en métal doré. Réussite : /10

A RETENIR

ce, cet, cette, ces sont des **adjectifs démonstratifs**. Ils expriment l'idée de montrer.

- Après **ce** et **cet**, le nom est au singulier. Il est masculin.
- Après **cette**, le nom est au singulier. Il est féminin.
- Après **ces**, le nom est au pluriel (masculin ou féminin).

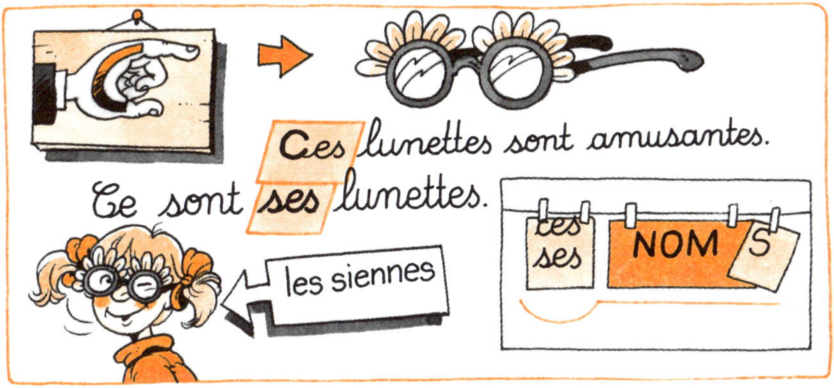

158 **Complète par** ces **ou** ses.

… vagues ont bien trois mètres de haut ! • Il mit un doigt sur … lèvres. • Elle rangea … crayons dans son cartable. • As-tu vu … troupeaux d'éléphants ? • … orages de grêle ont détruit les récoltes. • Jérôme passa longuement la main dans … cheveux puis fouilla … poches à la recherche d'un peigne. • Je voudrais un de … chariots. • Une lueur s'alluma dans … petits yeux noirs. • … immeubles neufs sont destinés à la location. Correction p. 171 Réussite : /10

159 **Même consigne.**

… stylos étaient tombés au fond de son cartable. • Il a pris … jambes à son cou ! • Te souviens-tu de … histoires que grand-père nous racontait ? • Toutes … usines polluent la vallée. • … pieds avaient glissé sur les pierres mouillées. • … églises ont toutes plus de cinq cents ans. • … chutes de neige réjouissent les skieurs. • Martine est allée se promener avec … camarades. • … temps-ci, il pleut souvent. • Elle a déchiré … bas en tombant. Réussite : /10

A RETENIR

• **ces** est un **adjectif démonstratif**. Il exprime l'idée de montrer. Il est le pluriel de **ce, cet, cette**.

• **ses** est un **adjectif possessif**. Il fait partie du groupe du nom au pluriel. Il exprime l'idée de possession. C'est le pluriel de **son** ou de **sa**.

A SAVOIR

expédier	une **ex**cuse	**ex**écuter
une **exp**édition	**ex**cuser	**ex**agérer
une **ex**c**la**mation	**ex**traire	**ex**ploser
une co**cc**inelle	un te**x**te	savour**eux**
un **va**cc**in**	l' inde**x**	boit**eux**
contagi**eux**	un réfl**exe**	furi**eux**

160 **Quels adjectifs correspondent à ces noms ?**
la fureur, la contagion, une saveur.

161 **Quels verbes correspondent à ces noms ?**
une excuse, un boiteux, une explosion, une exagération, une exécution, une expédition.

162 **Complète par des mots** A SAVOIR.
Un ... contre la grippe • Traduire un ... en anglais. • Une ... de surprise • Avoir de bons ... . • ... le charbon d'une mine • Saisir entre le pouce et l' ... .

163 **Quels mots** A SAVOIR **ont le son** ***ks*** **mais n'ont pas de** x **?**

A SAVOIR

vêtir	le goût	**bât**ir
revêtir	**goût**er	un **bât**iment
un **prêt**	le **dégoût**	une île
prêter	**dégoût**ant	un îlot
un évêque	une temp**ête**	tâter
un chêne	grâce à	août

164 **Quels verbes correspondent à ces noms ?**
un prêt, un vêtement, un bâtiment, le dégoût, un revêtement.

165 **Parmi les mots** A SAVOIR, **trouve ceux qui désignent :**
une personne, un territoire, un phénomène météorologique, un mois, un arbre.

166 **Quel mot** A SAVOIR **est synonyme de chacun de ces mots ?**
1. Avance d'argent • 2. Toucher • 3. Construire • 4. Déguster • 5. Très sale.

167 **Complète par des mots** A SAVOIR.
Nous sommes arrivés ... lui. • Nous ne pouvons pas sortir pendant la ... de neige. • Il s'est installé dans un vieux ... , situé dans une impasse. • Le banquier lui a consenti un ... de cent mille francs. • On a passé la journée sur un ... rocheux.

168 **Écris l'infinitif des verbes employés dans les phrases suivantes.**

Elle se débrouille toujours seule. • Le fantôme se tenait debout au fond du couloir. • Le policier se retourna vivement. • De quoi se mêle-t-il ? • Elle se repose sur la terrasse. • Il se mouilla jusqu'aux chevilles. • Le garnement se sauva à toutes jambes. • Les cris se répondaient d'un immeuble à l'autre. • Il se montra très prudent. • Elles se sont retrouvées à Marseille !

Correction p. 171 Réussite : /10

169 **Complète par** ce **ou par** se.

Elle ... pencha légèrement pour apercevoir la porte. • Il ... mit à compter très vite. • Jean ... sentit tout à coup très fatigué. • Où as-tu acheté ... sifflet ? • ... tiroir est fermé à clé. • La chatte ... défendait avec courage. • Il y a une inscription sur ... tronc. • Comme ... livre est épais ! • Le prêtre ... dirigea vers l'église. • J'admire le courage de ... dompteur.

Correction p. 177 Réussite : /10

170 **Écris les phrases suivantes au singulier.**

Ces desserts sont appétissants. • Ces buvards sont à moi. • Je trouve ces champignons très parfumés. • Veux-tu goûter ces caramels ? • Ces chariots sont très pratiques. • Les cigales doivent être dans ces pins. • A qui sont ces sous-vêtements ? • Regarde ces papillons ! • Ces harengs sont trop salés. • Ces lacs gèlent en hiver.

Correction p. 179 Réussite : /10

171 **Complète par** ce **ou par** se.

… maillot de bain est démodé. • A qui appartient … violon ? • Les passagers … précipitèrent vers la sortie. • Je rêve d'avoir … vélomoteur. • Il … chargea d'acheter le jambon. • … cachait-il derrière le lilas ? • Ne tape pas sans arrêt sur … tambour ! • Il voulait … qu'il voyait en vitrine. • Regarde bien … bourgeon : il éclate. • Elle ne souhaitait pas … venger.
Réussite : /10

172 **Même consigne.**

Pourquoi ne … parlaient-ils plus ? • L'enfant ne … rendait pas compte du danger. • … taille-crayon n'est pas à moi. • … dromadaire est une marionnette ! • Il … glissa dans les draps. • J'aimerais offrir … bijou à ma mère. • … réservoir … remplit lentement. • Il faut laver … voile. • Dis-moi … que tu préfères.
Réussite : /10

A SAVOIR

miauler	réaliser	se balancer
un **miaule**ment	la réal**ité**	une balance
solitaire	égal	un volant
la **soli**tude	l'égal**ité**	le talent
une capsule	la total**ité**	ag**ile**
bousculer		imbéc**ile**

173 **Quels noms correspondent à ces verbes ?**
voler, réaliser, miauler, se balancer, égaler.

174 **Écris les mots** A SAVOIR **dans lesquels on trouve les groupes de lettres** ile **ou** al.

175 **Trouve un mot** A SAVOIR **qui rime avec chacun de ces mots :**
pilule, étude, fragile, qualité, militaire.

176 **Devinettes : quel mot** A SAVOIR **contient :**
1. trois **t** ? 2. les lettres du mot *tuile* ? 3. deux **m** ? 4. deux fois **u** ? 5. un **m** qui ne se prononce pas ?

A RETENIR

• **se** fait partie du verbe pronominal (*se reposer, se lever*).
• **ce** fait partie du groupe du nom. C'est un **déterminant** masculin singulier. Il exprime l'idée de montrer.
Expressions avec **ce** : *ce qui, ce que, qu'est-ce que, qui est-ce...*

177 **Écris l'infinitif des verbes en italique (verbes pronominaux).**
Ex. : Il *s'est méfié* → se méfier.

Elle *s'est installée* il y a trois jours. • On ne *se doutait* de rien. • Ils *se bousculaient* pour entrer. • Le bus *s'arrêta* sans secousses. • Quand *se décidera*-t-il à partir ? • Il *s'est enfui* à moto. • Cela *s'est passé* avant-hier. • Il *se remet* lentement de sa scarlatine. • Qui *s'est occupé* des valises ? • Le combat *s'est engagé* brutalement. Correction p. 171 Réussite : /10

178 **Même consigne.**

Le ballon *s'est élevé* dans le ciel. • Hier soir, elle *s'est couchée* très tard. • Venez vite ! *s'écria*-t-il. • Les petits *se plaignent* souvent. • Il *s'en va* en courant. • Bernard *s'est trompé* dans ses calculs. • Le brigand *s'est emparé* du trésor. • Qui *s'est moqué* d'elle ? • On *s'est promené* dans les rues. • Il *se demanda* où ranger les vis. Réussite : /10

179 **Écris chaque verbe pronominal au passé composé et mets-le dans une phrase.**
Ex. : se coucher → il **s'est couché** très tard.

se réunir, se rencontrer, se regarder, se décider, se rapprocher.
Réussite : /10

A RETENIR

- **se** fait partie du **verbe pronominal**.
- **s'est** fait partie du **passé composé d'un verbe pronominal.** On peut retrouver **se** (ou **s'**) suivi du verbe en cherchant l'infinitif.

A SAVOIR

observer une observ**ation**	l'imagin**ation** une affirm**ation**	un maill**ot** **déraille**r
s'ac**couder**	a**border**	un dort**oir**
s'al**longer**	pro**longer**	un **ad**verbe
s'**écrier**	écarter	une **coo**pérative
se méfier	rouillé	le **règle**ment

180 **Quels verbes correspondent à ces noms ?**
une observation, une affirmation, l'imagination, les prolongations, un déraillement, un écartement, la rouille, la méfiance, l'allongement, un accoudoir.

181 **Dans quels mots** A SAVOIR **peux-tu reconnaître ces mots ?**
bord, écart, coude, long, cri, maille, verbe, rail, règle, image.

182 **Relève les mots** A SAVOIR **qui ont deux** l. **Ces deux** l **représentent-ils toujours le son** *l***, comme dans** ballon **?**

183 **Quels noms correspondent à ces verbes ?**
dormir, coopérer, réglementer, observer, emmailloter.

A SAVOIR

une pince pincer	pruden**t** la pruden**ce**	l'influ**ence** influencer
un lect**eur** une lect**rice**	l'espace spaci**eux**	sinc**ère**
une province	foncé	féro**ce**
de la ficelle	une carapace	min**ce**

184 **Quels noms correspondent aux verbes suivants ?**
influencer, pincer, lire, ficeler, espacer.

185 **Relève les mots qui contiennent** en.

186 **Parmi les mots** A SAVOIR**, trouve un synonyme de :**
maigre, corde fine, très méchant, franc, sombre, qui respecte le code de la route.

187 **Complète par des mots** A SAVOIR.
Il habite un appartement … et confortable. • La Bretagne est une … française. • La tortue s'était cachée dans sa … . • Ma sœur a de l' … sur lui. • Ses dents lui donnent un air … . • Achète des … à linge et une pelote de … . • Il portait une veste d'un joli vert … . • Veuillez agréer mes … salutations. • Les astronautes sont sortis dans l' … .

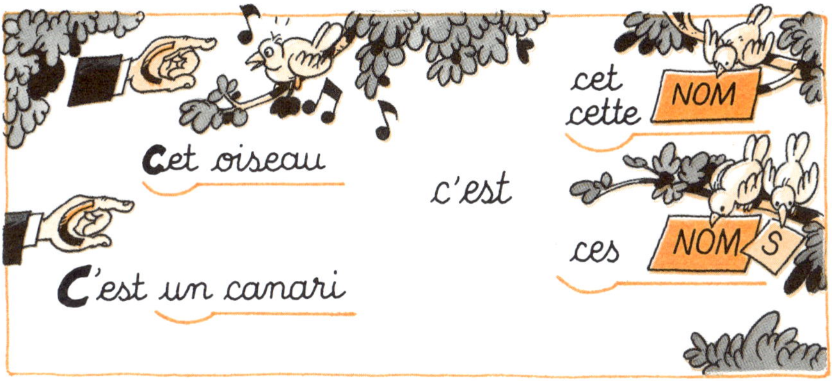

188 **Complète par** c'est, cet, cette **ou** ces.

... une bonne idée. • ... fleurs sentent très bon. • Qui a trouvé ... anneau ? • ... le nid d'un aigle. • Je suis sûr que ... cris viennent du bosquet. • ... notre nouvelle voiture. • ... hameçons sont trop gros. • Regarde, ... ma guitare. • Peux-tu couper un morceau de ... ficelle ? • Quand ... le jour en France, les Japonais dorment.

Correction p. 171 Réussite : /10

189 **Même consigne.**

A qui faut-il remettre ... lettres ? • ... photo est très nette. • Connaissez-vous ... enfant ? • ... une farce. • Je crois que ... votre vélo. • Peux-tu m'acheter ... illustrés ? • Qui veut manger ... artichaut ? • On ne t'a pas vu, ... l'essentiel. • Lequel de ... casques est le plus efficace ? • ... vaches donnent beaucoup de lait.

Réussite : /10

A RETENIR

• **c'est** est souvent suivi d'un groupe du nom qui commence par un déterminant : ***c'est*** *un oiseau,* ***c'est*** *mon oiseau,* ***c'est*** *cet oiseau.*

• **cet, cette, ces** font partie du groupe du nom. Ils sont immédiatement suivis du nom ou de son adjectif : *cet oiseau, cette jolie mésange.*

25 c'est / s'est / sais / sait

ÉTUDE DES RÈGLES

190 **Complète par** c'est, s'est, sais **ou** sait.

Je ne … pas votre nom. • Je pense que … son cousin. • Maman … présentée pour le poste de secrétaire. • On … habillé en hâte. • Écoute ! … lui qui rentre. • … -elle nager ? • Ici, … très calme. • Le vieil homme … plaint du bruit. • Elle ne … plus qu'inventer pour se faire remarquer. • Elle … lancée dans une terrible aventure.

Correction p. 171 Réussite : /10

191 **Même consigne.**

Il … perdu dans la neige. • Ce chien, … un berger belge. • La fusée … élevée dans le ciel. • Il ne … plus ce qu'il dit. • … -tu jouer du piano ? • … le verre de limonade que tu as commandé. • On … bien amusé, hier. • … beaucoup trop long. • La voiture des policiers … enfoncée dans la nuit. • N'aie pas peur, … moi.

Correction p. 177 Réussite : /10

192 **Complète par** c'est, s'est, sais **ou** sait.

Il … adressé au gardien. • Celui que j'aperçois, … un poisson-lune. • Je … pourquoi elle est de mauvaise humeur. • … une très jolie voiture. • Elle … battue pour protéger ses petits. • … prêt dans une minute ! • Michel … son rôle par cœur. • Je me brûle, … trop chaud. • Elle … appuyée sur mon bras. • Ma sœur … déjà lire et écrire.

Correction p. 180 Réussite : /10

193 **Même consigne.**
Il ne … pas rendu compte du travail qui restait à faire. • Ce que vous faites pour moi, … très gentil. • Ma mère … précipitée pour lui porter secours. • La seule chose que je … , … que je ne … rien. • … toi qui as ouvert la fenêtre ? • On ne … même pas étonné de tout ce bruit. • Elle … beaucoup amusée. • Mon frère … endormi devant la télévision.

Réussite : /10

194 **Complète par** c'est, s'est, sais **ou** sait.
Ma sœur … toutes ses tables de multiplication. • Notre équipe … bien défendue. • Je crois que … une odeur que je reconnais. • Que … haut ! • Le singe … approché de la grille, puis … assis. • Qui le … ? • … la maison de nos amis. • … trop petit. • Il ne … pas s'y prendre.

Réussite : /10

A SAVOIR

gras	vers	une permi**ssion**
la gr**aisse**	à tra**vers**	un per**mis**
ép**ais**		per**mettre**
un tap**is**	le vergl**as**	une **démission**
un log**is**	un caden**as**	un chamois
surpr**is**	un **tas**	un sous-bois
divers	tasser	

195 **Dans la liste ci-dessus, quels mots correspondent à ces verbes ?**
cadenasser, loger, traverser, permettre, démettre, tasser.

196 **Quels adjectifs correspondent à ces verbes ?**
épaissir, graisser, diversifier.

197 **Écris le mot court que tu peux voir dans les mots :**
tapisserie, boiserie, entasser, grassement.

198 **Relève les mots** A SAVOIR **auxquels on ajoute un** s **au pluriel.**

199 **Parmi les mots** A SAVOIR**, trouve le nom :** d'un animal ; d'un objet décoratif ; d'une sorte de verrou mobile ; d'un phénomène météorologique ; d'un endroit où il fait bon se promener.

A RETENIR

- **c'est** est suivi d'un groupe du nom, d'un adjectif ou d'un pronom.
- **s'est** est suivi du participe passé du verbe pronominal.
- **sais** et **sait** sont des formes conjuguées du verbe **savoir**, au présent de l'indicatif.

26 on / ont
ÉTUDE DES RÈGLES

200 **Retrouve** avoir **dans les phrases suivantes.**
Ex. : Ils n'**ont** pas **voulu** courir → **avoir voulu.**

Les jeunes ont participé à un concours. • Les coureurs ont tous plongé en même temps. • Elles ont sommeil. • Ils ont les mains très sales. • Les enfants n'ont pas rangé leurs jouets. • Elles ont photographié les gagnants. • Je crois qu'ils ont obtenu satisfaction. • Dans la police de Fribourg, les femmes ont un bel uniforme. • Pourquoi ont-ils joué de la trompette à minuit ? • On n'a pas pu regarder la télévision.

Correction p. 172 Réussite : /10

201 **Complète par** on **ou** ont.

... n'a plus d'hameçons ! • Ils ... une vieille camionnette. • ... doit toujours tout lui expliquer. • Ces amandes ... un goût amer. • Les peintres ... bien nettoyé leurs pinceaux. • Si ... partait à vélo ? • A-t- ... pris le pain et les saucisses ? • Elles ... dû rouler très lentement à cause du verglas. • ... pourrait ramasser des champignons. • ... -ils de quoi manger ?

Correction p. 177 Réussite : /10

202 **Retrouve** avoir **dans les phrases suivantes.**

Ils ont pris une tasse de thé. • Elles m'ont prêté leur journal. • Ils ont préféré abandonner. • Mes parents ont secoué le tapis du salon. • Ils n'ont pas fouillé ce tiroir. • Elles ont réussi un très joli puzzle. • Ont-ils pensé à poster le courrier ? • Elles ont pique-niqué dans le sous-bois. • Ont-ils le téléphone ? • Claire et Pascale ont décidé d'être patientes.

Réussite : /10

203 **Complète par** on **ou** ont.

... nous fait confiance. • Je suis sûr qu' ... ne pourra pas s'en occuper. • Mais, ils ... déjà dîné ! • Gentiment, ... lui apportait des beignets. • ... s'était endormi dans les fauteuils. • Ils ... une gouttière juste au-dessus de la table. • Le médecin dit qu'elles ... la grippe. • Pourtant, ... s'entendait bien. • Ils ... goûté du maïs grillé. • ... lui a offert un magnétophone.

Réussite : /10

A SAVOIR

étaler	précipiter	brouter
une étagère	**agi**ter	discuter
un étan**g**	**félici**ter	un acrobate
une étiqu**ette**	**hési**ter	une marguer**ite**
engloutir	**trico**ter	satis**faire**
l'altitude	une planète	satisfaisant

204 **Écris les noms qui correspondent aux mots suivants :**
étiqueter, acrobatique, planétaire.

205 **Écris les verbes qui correspondent aux noms suivants :**
un tricot, un étalage, une hésitation, une agitation, des félicitations, la satisfaction, une discussion, des précipitations.

206 **Parmi les mots** A SAVOIR**, quels sont les cinq mots qui contiennent le groupe de lettres** ite **?**

207 **Quel mot** A SAVOIR **correspond à chacune de ces définitions ?**
1. Rayon. • 2. Secouer. • 3. Équilibriste. • 4. Manger de l'herbe. • 5. Tout petit lac ou très grande mare. • 6. Fleur des prés à pétales blancs et à cœur jaune. • 7. Mars en est une. • 8. Ne pas réussir à décider. 9. Hauteur. • 10. Avaler gloutonnement.

208 **Voici trois mots** A SAVOIR. **Leurs lettres ont été écrites dans le désordre ! Retrouve ces trois mots. Écris-les.**
agimerrute • gnoutreil • taulidet.

A RETENIR

- **on** est un **pronom** personnel indéfini. Il est placé soit avant le verbe (*on joue*), soit après le verbe (*joue-t-on*).
- **ont** est une forme du **verbe avoir** (présent de l'indicatif, 3e personne du pluriel), ou de l'**auxiliaire avoir** d'un verbe conjugué au passé composé, 3e personne du pluriel.

27 leur / leurs

ÉTUDE DES RÈGLES

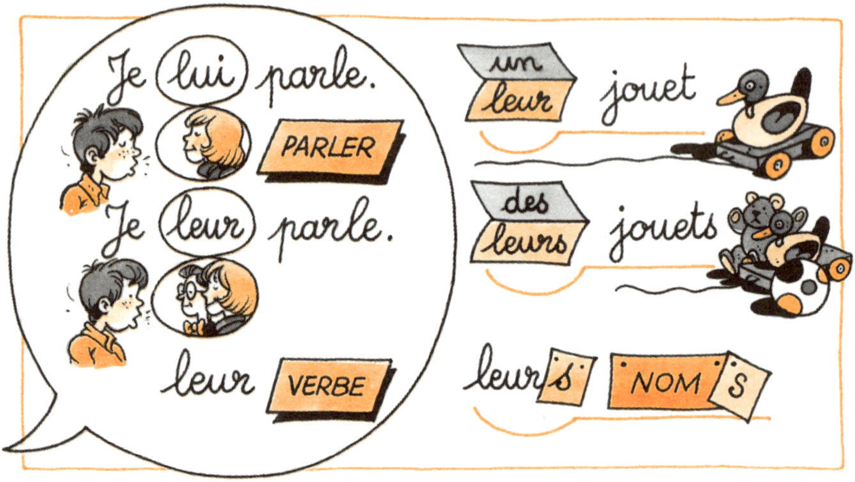

209 **Complète par** leur **ou** leurs.

Ils ont perdu ... ballon. • Elles ont rangé ... bijoux dans un coffre. • Les lapins n'ont pas mangé ... carottes. • ... fourgonnette a été volée. • ... grillades sont trop cuites. • Ils ont rejoint ... dortoir. • Les indiens ont oublié ... flèches ! • ... gâteaux au chocolat sont délicieux. • ... invention a eu du succès. • Il voulait participer à ... coopérative.

Correction p. 172 Réussite : /10

210 **Mets au pluriel en remplaçant le singulier** lui **par son pluriel** leur **et le singulier** leur **par son pluriel** leurs.

Georges lui chanta une chanson. • Ils se promenaient avec leur chien. • Elle lui prit la main. • Grand-mère lui donna des bonbons. • J'ai un cadeau pour leur enfant. • Il essaya de lui trouver des modèles réduits. • Ont-ils fini de réparer leur vélo ? • Maman lui mit un bonnet de skieur. • Les musiciens accordèrent leur instrument. • Leur rossignol chante si bien !

Correction p. 177 Réussite : /10

211 **Même consigne.**

Il faut lui dire de téléphoner. • Ils jouent avec leur cousin. • Elles cherchaient leur sac. • On lui demanda de venir réparer le téléviseur. • As-tu reçu leur lettre ? • Le ministre lui répondit le lendemain. • Ils installèrent leur chaise autour de la table. • On lui cria de revenir. • Il lui dit bonjour. • Je le lui ai fait remarquer.

Correction p. 180 Réussite : /10

212 **Complète par** leur **ou** leurs.

Ils … montrèrent une photo. • La grotte … paraissait fantastique. • Où passeront-ils … vacances ? • … chat a attrapé une souris. • Cette décision … simplifia la tâche. • Marion … lança le ballon. • Il faut que les enfants prennent … chaussures de marche. • Il … épargna bien des soucis. • Tu … expédieras ces machines. • Elles s'occupent de … petits.

Réussite : /10

213 **Même consigne.**

Il … est arrivé une curieuse aventure. • Ils ont fini … travail. • Ils ont perdu … souliers ! • Je … annonçai la nouvelle. • Il … permit de sortir. • Ils étendirent … vêtements au soleil. • Je trouve … maison très belle. • Pierre et Marc m'ont prêté … billes. • Il ne voulut pas … montrer son aquarium. • Des peaux de bêtes … servaient de couvertures.

Réussite : /10

A SAVOIR

une merveille merveill**eux** s'émerveiller	la vi**gu**eur vigoureux	un caprice **capric**ieux
silenc**ieux** bou**eux** brum**eux** vanit**eux**	la chance chanc**eux** fam**eux** grac**ieux**	la ri**gu**eur ri**go**ureux studieux roux

214 **Quels adjectifs terminés par** -eux **correspondent à ces noms ?**

la brume, la boue, une merveille, la chance, la vigueur, la rigueur, la vanité, la grâce, le silence, un caprice.

215 **Écris le masculin de ces adjectifs.**

rousse, gracieuse, fameuse, capricieuse, studieuse.

216 **Dans les mots** A SAVOIR, **trouve un synonyme de :**

fort, célèbre, extraordinaire, précis, couvert de terre mouillée, charmant, changeant, appliqué.

217 **Dans les mots** A SAVOIR, **trouve les contraires de ces adjectifs.**

bruyant, modeste, faible, horrible, paresseux.

A RETENIR

• **leur(s),** placé dans le groupe du nom, est un **adjectif possessif**. Il s'accorde avec le nom et prend un **s** au pluriel.

• **leur**, placé avant un verbe, est un **pronom**. C'est le pluriel de **lui.**

28 la / l'a

ÉTUDE DES RÈGLES

218 **Dans les phrases suivantes, trouve et écris le groupe sujet + verbe.**

Ex. : **Il** l'**a cherché** pendant une heure → Il a cherché.
Je la **regardais** → Je regardais.

On l'a entendu à la radio. • L'éditeur la publiera l'an prochain. • Je te la propose. • Le chien l'a mordu. • Il la berce chaque soir. • L'élève l'a observée au microscope. • Il ne l'a jamais pratiqué. • Je la mets dans le placard. • Il faut qu'il la signe avant ce soir. • Il ne l'a pas mérité.

Correction p. 172 Réussite : /10

219 **Complète par** la **ou** l'a.

Joséphine ... suit. • Sa camarade ne ... pas encore aperçue. • Tout le monde ... félicité. • Il voudrait bien ... dompter seul. • On ... accusé à tort. • Savez-vous qu'on ... élue au premier tour ? • Il faudrait ... féliciter davantage. • Qui ... lancée ? • Je veux ... persuader de revenir. • Il me ... permis.

Correction p. 177 Réussite : /10

220 **Même consigne.**

Son goût pour les livres ... surpris. • Je ... tiens solidement. • Il ... nettoyée. • Je ... reconnaîtrais entre mille. • Je crois qu'on ... cambriolée pendant les vacances. • Est-ce qu'on te ... donné ? • ... repoussera-t-il dans le camp adverse ? • Personne ne ... réclamé. • Ne ... retardez pas, s'il vous plaît ! • Où ... -t-il connu ?

Correction p. 180 Réussite : /10

221 **Dans ces phrases, trouve et écris le groupe sujet + verbe.**
Il l'a libéré hier soir. • Est-ce que tu la regrettes ? • On ne la remplacera pas avant la semaine prochaine. • Elle la saisit alors à pleines mains. • Le crabe l'a pincé. • On l'a quitté avant d'entrer. • On ne la craint pas beaucoup. • Je la conserverai en souvenir. • Il l'a bien réparé. • La grenouille l'a avalé.
Réussite : /10

222 **Complète par** la **ou** l'a.
Qui ... autorisé à sortir ? • Il ... épousée hier. • Elle ne voulait pas ... montrer. • Elle ... montrée à son père. • Ses parents ... laissent faire. • ... -t-elle bercé longtemps ? • Il ... prise à huit heures. • Devait-on ... prendre ? • Il ... cacha dans le sable. • Il ne ... pas mise dans l'armoire.
Réussite : /10

A SAVOIR

nourrir la nourriture	une **charr**ue une **charr**ette	a**rr**ondir un a**rr**ondissement
tonner le tonne**rr**e	un **terr**ain ente**rr**er	**em**barquer **dé**barquer
un vélo	de**rr**ière	**re**nouveler
un vélomoteur	ma**rr**on	des se**rr**es

223 **Écris les mots qui sont de la famille de :**
terre, rond, char, barque, nouveau.

224 **A quel nom** A SAVOIR **correspond chacun de ces verbes ?**
arrondir, nourrir, serrer, tonner.

225 **A quel verbe** A SAVOIR **correspond chacun de ces noms ?**
un enterrement, la nourriture, une embarcation, un renouveau, le débarquement, le tonnerre, un arrondi.

226 **Écris ces mots deux par deux en t'aidant de leur sens.**
derrière, un aliment, marron, un vélo, une carriole, des serres, un rétroviseur, le tonnerre, la nourriture, brun, un vélomoteur, des griffes, la foudre, une charrette.

A RETENIR

• **la**, **pronom personnel**, est suivi d'un verbe conjugué à un temps simple (ou d'un verbe à l'infinitif).
• **l'a** correspond au **verbe avoir** ou à l'**auxiliaire avoir**, précédé d'un pronom complément.

29 tout / tous / toute(s)

ÉTUDE DES RÈGLES

227 **Complète par** tout, tous, toute **ou** toutes.

Je les ai vus … les deux. • Pendant … la semaine, elle disparut. • Ils étaient … très occupés. • Elle se tient … près de lui. • Il aurait fallu jeter … ces vieux chiffons. • … les filles m'ont cru. • Les chats étaient … mouillés. • Elles étaient … assises. • On pouvait y voir deux … petits traits et un triangle. • … les soirs, nous allons nous promener.

Correction p. 172 Réussite : /10

228 **Même consigne.**

… les élèves sont assis. • Ils s'étaient … couchés. • Il rêvait … en mangeant. • … ces fleurs vont coûter cher. • Ces moteurs sont … petits. • Il fait … noir dans cette pièce. • … ces champignons sont bons. • Ils nous regardèrent, … étonnés. • Le manteau perdait … sa doublure. • … les matins, il part à cinq heures.

Réussite : /10

A RETENIR

- **tout**, placé avant le groupe du nom, s'accorde avec celui-ci.
- **tous, toutes**, pronoms, s'accordent avec ce qu'ils représentent.
- **tout**, adverbe, est invariable. Il a le sens de *très, tout à fait*. Il est placé avant un adjectif. Au féminin, l'adverbe *tout* ne reste pas invariable si le mot qui suit commence par une consonne ou par un **h** aspiré.

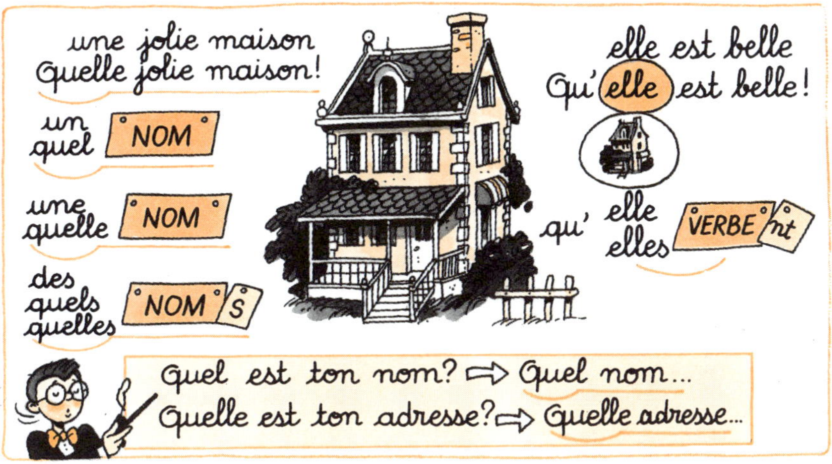

229 **Remplace les déterminants par** quel, quelle, quels **ou** quelles.

Ex. : des histoires ⟶ Quelles histoires !

des histoires	un artiste	les informations
une photo	mes chaussures	leur secrétaire
vos habitudes	une aventure	ces inventions
son anniversaire	leurs outils	

Correction p. 172 Réussite : /10

230 **Complète par** quel(s), quelle(s) **ou** qu'elle(s).

Crois-tu … ont fini leur travail ? • … heure est-il ? • Maman m'a dit … avait été malade d'inquiétude. • … étaient contentes de rentrer ! • … orage et … pluie ! • … est ton adresse ? • Dès … aperçut papa, Odile fit semblant de se sauver. • … livres préfères-tu ? • Je me demande … sottises vous avez encore pu faire ! Réussite : /10

A RETENIR

• A l'intérieur du groupe du nom, **quel** s'accorde en genre et en nombre avec le nom : *quelle maison, quelles maisons*.

• **qu'elle(s)** est formé de la *conjonction que* et du *pronom personnel elle* (singulier) ou *elles* (pluriel).

A SAVOIR

célèbre célébrer	décéder un décès un procès	léger légèrement la légèreté
un célibataire		se déguiser
une secrétaire	un député	une période
un dromadaire	préférer une préférence	de la bière la bruyère

231 **Relève les mots qui ont un seul accent. Classe-les en deux groupes suivant qu'ils ont un accent aigu ou un accent grave.**

232 **Relève les mots qui ont deux ou trois accents. Souligne ceux qui ont un accent grave.**

233 **Quels sont les mots** A SAVOIR **où le son** *è* **s'écrit** ai **?**

234 **Dans les noms** A SAVOIR, **trouve ceux qui désignent :**
1. une plante • 2. une personne • 3. un animal • 4. une boisson alcoolisée • 5. un désaccord qui passe en justice.

235 **Quel verbe correspond à chacun de ces noms ?**
une préférence, un déguisement, une célébration, un décès.

A SAVOIR

un abandon abandonner ronronner ordonner rayonner	une addition additionner une camionnette une couronne sablonneux personnel	savonner une savonnette une devinette un uniforme diminuer continuel

236 **Écris un verbe correspondant à chacun de ces noms.**
une addition, un rayon, un abandon, un savon, un ronron, une devinette, un ordre, la continuation, une diminution.

237 **Relève les mots** A SAVOIR **qui contiennent : 1.** onn **; 2.** in.

238 **Parmi les mots** A SAVOIR, **trouve celui qui désigne :**
1. un véhicule • 2. un symbole royal • 3. un vêtement • 4. une opération • 5. une question amusante.

239 **Complète par un mot** A SAVOIR.
J'entends le chat … . • Un sentier … conduisait à la plage. • *Nous* est un pronom … . • Ses absences … l'empêchent de réussir. • Achète une … à la lavande.

240 **Complète par** sans, s'en, sens **ou** sent.

Ils n'eurent pas le temps de ... apercevoir. • Tu ne peux pas préparer une omelette ... œufs ! • On ... occupe tous les deux. • Il ... l'air frais sur sa figure. • ... rien dire, elle prit les paquets. • Il ... approcha avec prudence. • On ne sait pas ... servir. • L'oiseau volait ... faire de bruit. • Cette chambre d'hôtel coûte cinquante francs par jour ... le petit déjeuner. • Je me ... bien dans ces chaussures.

Correction p. 172 Réussite : /10

241 **Même consigne.**

Il ne ... doutait pas. • ... me laisser approcher, il ... empara et se sauva. • Charles boit son café ... sucre. • Mamie ne ... plus ses jambes tant elle est fatiguée. • Il ne ... est pas remis. • Ce matin-là, il était ... voix. • Elle ... échappa la nuit. • ... ce message, je ne l'aurais pas trouvé. • Il ... déclare chaque année une dizaine.

Réussite : /10

A RETENIR

- **sans** est une préposition qui indique un manque, une privation.
- **s'en** accompagne le verbe pronominal : *elle s'en souvient* → *se souvenir*.
- **sens** et **sent** sont des formes conjuguées du verbe **sentir**.

A SAVOIR

dessous	ci-dessus	dessus
au-**dessous**	ci-dessous	au-**dessus**
là-dessous		**par**-dessus
redre**ss**er	un desser**t**	aussi**tôt**
adre**ss**er	un me**ss**age	pre**ss**er
une adre**sse**	un profe**ss**eur	lai**ss**er

242 **Dans quels mots** A SAVOIR **trouves-tu** sous, aussi, là, tôt **ou** ci ?

243 **Réponds aux questions suivantes :**
1. Qu'est-ce que les mots A SAVOIR ont en commun ?
2. Quel est le numéro de l'exercice *ci-dessus* ?
3. Quel est le numéro de l'exercice *ci-dessous* ?

244 **Relève les verbes qui figurent dans la liste ci-dessus.**

245 **Complète par des mots** A SAVOIR.
Il saute ... la haie. • Il n'habite plus à l' ... indiquée. • Il y a un ... sur le répondeur téléphonique. • Elle a commandé un ... au chocolat. • Le banc est sale, ne t'assois pas ... .

A SAVOIR

admirable	compléter	séri**eux**
admirable**ment**	**complète**ment	**sérieuse**ment
vrai	énorme	régul**ier**
vrai**ment**	énorm**é**ment	**régulière**ment
grossier	médiocre	idé**al**
la grossière**té**	**mal**adroit	tiède
grossièrement		

246 **Quels adverbes en** -ment **peut-on écrire à partir de :**
grossier, sérieux, complet, vrai, régulier.

247 **A quels adjectifs correspondent ces adverbes ?**
admirablement, maladroitement, tièdement, énormément, médiocrement, adroitement.

248 **Quels adjectifs correspondent à :**
énormité, tiédeur, régularité, admiration, complément ?

249 **Remplace les mots en italique par des adjectifs** A SAVOIR.
Un travail *toujours fait* • un élève *réfléchi* • une eau *un peu chaude* • un langage *avec des mots vulgaires* • un enfant *malhabile* • une note *en dessous de la moyenne* • un tableau *merveilleux* • une femme *parfaite* • un succès *extraordinaire* • une histoire *véridique*.

250 **Complète par** si, s'y **ou** ci.

Utilise le tableau … -dessus avant de répondre. • Il est … drôle que tout le monde veut jouer avec lui. • … tu continues ainsi, tu réussiras. • Il … cacha en silence. • Elle voyait les gens … bousculer. • Je me demande … tu aimeras ce film. • Elle … piqua les doigts. • Celles- … ne sont pas à moi. • Ah ! … je pouvais parler ! • On … rend chaque année.

Correction p. 172 Réussite : /10

251 **Même consigne.**

Reste, … tu veux. • … je t'avais vu, je te l'aurais dit. • Il fait froid, ces temps- … . • Il était … content qu'il s'est mis à chanter. • Il découvrit un beau magasin, mais recula devant la foule qui … pressait. • … les garçons … mettent tous les deux, comment va-t-on pouvoir … retrouver ? • Il faut … peu de choses ! • Il eut l'autorisation de … reposer.

Réussite : /10

A RETENIR

- **si**, conjonction, exprime souvent une condition.
- **si**, adverbe, a le sens de *tellement, aussi*. Il peut signifier *oui*.
- **s'y** accompagne le verbe pronominal : *il s'y perd* → *se perdre*.
- **ci** est relié par un trait d'union au mot qui le précède ou qui le suit (**-ci** ou **ci-**). Il indique un lieu ou un moment proches.

33 quand / qu'en

ÉTUDE DES RÈGLES

252 **Complète par** quand **ou** qu'en.

Dans ce pays, il ne pleut … hiver. • … pensez-vous avoir terminé ? • Il ronfle toujours … il dort. • Ils ne viennent … cas d'urgence. • Pendant les vacances, il ne se promène … maillot de bain. • Je ne me sauve pas … je l'aperçois. • … dis-tu ? • … l'oiseau eut fini de boire, il s'en alla. • Le muguet ne fleurit … mai. • Peux-tu me dire … il rentrera ?

Correction p. 172 Réussite : /10

253 **Même consigne.**

… tu auras terminé, tu me prêteras ton livre. • Je l'aime … il est gentil. • Il ne fait … parler. • … pourras-tu gonfler mon ballon ? • Depuis … est-elle malade ? • Les feuilles ne tombent … automne. • Elle ne dort … pyjama. • Je ne sais … lui annoncer la nouvelle. • On ne raconte cette histoire … famille. • Il ne peut avancer … se tenant à la paroi rocheuse.

Réussite : /10

A RETENIR

- **quand** introduit une proposition qui exprime le temps.
- **qu'en** est formé de deux mots : **que** et **en** (préposition ou pronom).

254 **Complète par** tant, t'en **ou** temps.

Je vais … donner une autre. • Il y avait … de choses à voir ! • Il a … d'outils qu'il ne sait plus où les ranger. • Mon frère n'a pas voulu … prêter. • Le … est pluvieux. • Est-ce que tu … es aperçu ? • Elle en trouva … qu'elle en remplit son seau. • Je … prie, ne dis rien. • Marie souffrait … qu'elle ne pouvait plus marcher. • Heureusement, il a réagi à … .

Correction p. 172 Réussite : /10

255 **Même consigne.**

L'autobus avait … de retard que les voyageurs étaient retournés chez eux. • Je ne … savais pas capable ! • Peux-tu … charger ? • Nous aurons le … de cueillir un bouquet pour ta mère. • Il ne faut pas … moquer. • Elle a … de travail ! • Nous … avons apporté un autre. • Souviens-toi, tu … es déjà servi. • Il vous apprécie … ! • On … parlera dès que possible.

Réussite : /10

A RETENIR

- **tant** est un adverbe exprimant la quantité.
- **t'en** est formé de deux mots : le pronom complément **t'** (te) et **en** qui remplace une expression commençant par la préposition **de**.
- **temps** est un nom invariable.

A SAVOIR

un **sifflet**	un **gouffre**	un photo**graphe**
siffler	s'en**gouffr**er	une photo**graphie**
afficher	le **souffle**	une photo
un paragraphe	une pharma**cie**	un phoque
l'**ortho**graphe	un pharmacien	le télé**phone**
un or**phe**lin	un **phare**	un coffre-fort

256 **Quels verbes correspondent à ces noms ?**
un sifflement, une affiche, un gouffre, une photographie, le téléphone.

257 **Quels noms** A SAVOIR **correspondent à ces verbes ?**
siffler, photographier, s'engouffrer, téléphoner, souffler, orthographier.

258 **Dans quels mots** A SAVOIR **trouves-tu** graph **qui veut dire** écrire ?

259 **Écris les mots** A SAVOIR **qui désignent :**
1. un objet • 2. une personne • 3. un animal • 4. un lieu naturel • 5. un bâtiment.

A SAVOIR

inventer	organis**er**	réclam**er**
un **invent**eur	l'organis**ateur**	une réclam**ation**
une **inven**tion	une organis**ation**	
modifi**er**	récit**er**	inscri**re**
une modific**ation**	une récit**ation**	une **ins**crip**tion**
un navig**ateur**	une rédac**tion**	une de**scrip**tion

260 **Quels verbes correspondent à ces noms ?**
un inventeur, une récitation, une inscription, une réclamation, une organisation, une modification, la navigation.

261 **Écris en deux groupes les mots qui contiennent un** t.
1. **t** qui correspond au son *t* ; 2. **t** qui correspond au son *s*.
(Il est possible qu'un mot figure dans les deux groupes).

262 **Complète par des mots** A SAVOIR.
Le roman commence par une … des lieux. • Il n'a pas … la poudre ! • Les plans ne sont pas définitifs : ils doivent encore subir quelques … . • Il a déposé une … auprès de la Direction. • L' … des enfants de six ans commencera lundi. • O.N.U. signifie … des Nations Unies. • Le journaliste entra dans la salle de … .

pluriel des noms
ÉTUDE DES RÈGLES **35**

singulier → pluriel	
_eau → _eaux _au → _aux _eu → _eux	un bureau → des bureaux un noyau → des noyaux un jeu → des jeux **SAUF :** des landaus, des pneus, des bleus
_ou → _oux	**POUR 7 NOMS :** des bijoux, des cailloux, des choux, des genoux, des hiboux, des joujoux, des poux.
_ou → _ous	**POUR TOUS LES AUTRES NOMS :** des clous, des trous, des fous, des verrous, des sous, etc.

263 **Écris les mots suivants au pluriel :**

un jeu, un animal, un vélo, un verrou, un poireau, un feu, ce pneu, le tribunal, un trou, un local.

Correction p. 172 Réussite : /10

264 **Même consigne.**

le signal, un hibou, un bleu, un carreau, un général, un clou, un vœu, son défaut, mon neveu, un rouleau.

Correction p. 177 Réussite : /10

265 **Même consigne.**

un lieu, un piano, un mal, un fou, mon genou, ce tonneau, un chou, le cou, un cheveu, un coquelicot.

Correction p. 180 Réussite : /10

266 **Classe les noms suivants en deux groupes suivant que leur pluriel est en x ou en s.**

bijou, bambou, trou, joujou, kangourou, caillou, clou, chou, pou, sou.

Réussite : /10

267 **Classe les noms suivants en trois catégories.**
1. Ceux qui font leur pluriel en s.
2. Ceux qui font leur pluriel en x.
3. Ceux qui ont la même forme au singulier et au pluriel.

ruisseau, coffret, matelas, progrès, bateau, matou, héros, canal, gouvernail, landau.

Réussite : /10

268 **Même consigne que l'exercice n° 267.**
tapis, coucou, abricot, rail, repas, genou, aveu, travail, nœud, essieu, manteau, artichaut, permis, voix, tuyau, dessert, véhicule, bal, barreau, métal. Réussite : /10

A SAVOIR

un papet**ier**	un participe	dom**p**ter
une papet**erie**	participer	un dom**p**teur
une carpe	publier	un exem**p**le
le galo**p**	impo**s**er	un cam**p**
adopter	épou**s**er	**campagn**ard
ta**p**er	suprême	pire

269 **Relève tous les verbes figurant dans la liste ci-dessus.**

270 **Quels mots** A SAVOIR **sont de la famille de** papier, galoper, publication, époux, campagne, campeur, adoption.

271 **Dans les mots** A SAVOIR, **trouve un nom de poisson, deux noms de personnes, le nom d'un magasin, un nom utilisé en grammaire et le nom d'une façon d'avancer.**

272 **Complète ces expressions par des mots** A SAVOIR.
Mariés pour le meilleur et pour le ... • L'accord du ... passé • Donner le bon ... • Etre muet comme une ... • ... une lettre à la machine.

273 **Remplace les mots en italique par un mot** A SAVOIR.
Il est d'une *extrême* habileté. • Elle *exige* le silence. • C'est un meuble *rustique*. • Ce livre a été *édité* en 1892. • Il *dresse* des tigres.

A RETENIR

• Les noms qui se terminent au singulier par **-eau** ont tous leur pluriel en **-eaux** : *un chapeau* → *des chapeaux*.
• Les noms qui se terminent au singulier par **-au** ont leur pluriel en **-aux** : *un tuyau* → *des tuyaux*. Sauf : *des landaus*.
• Les noms qui se terminent au singulier par **-eu** ont leur pluriel en **-eux** : *un jeu* → *des jeux*. Sauf : *des pneus, des bleus*.
• Les noms qui se terminent au singulier par **-ou** ont leur pluriel en **-ous** : *un clou* → *des clous*. Sauf sept noms : *bijou(x), caillou(x), chou(x), genou(x), hibou(x), joujou(x), pou(x)*.

accord des adjectifs 36

ÉTUDE DES RÈGLES

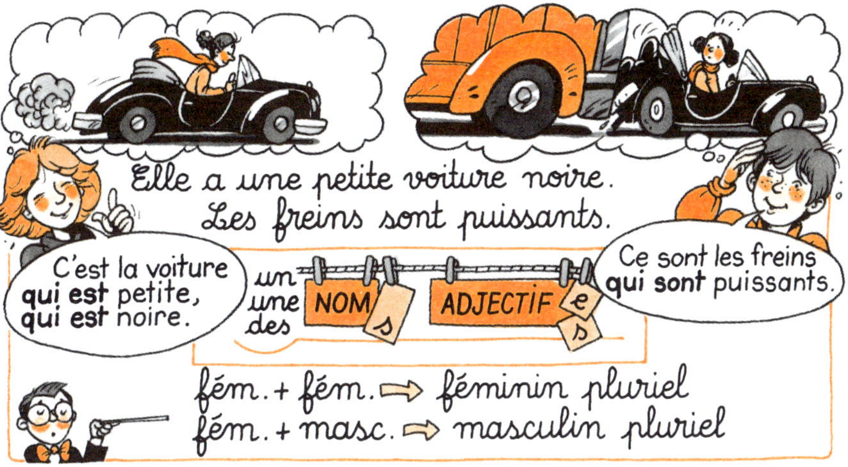

274 **Utilise l'adjectif en italique pour compléter les groupes de mots suivants :**

mon *petit* frère	un vêtement *neuf*
ma … sœur	des robes …
mes … cousins	des vêtements …
mes … voisines	une robe …

un travail *long* mais *intéressant*
des exposés … mais …
une histoire … mais …

Correction p. 173
Réussite : /10

275 **Complète les phrases suivantes en accordant les adjectifs.**

Cette fille a des cheveux noir… très long… . • Cette route mal goudronné…, aux virages serré…, est dangereu… . • J'ai deux chats frisé… et une chatte bleu… ! • Mes voisins sont gentil… mais très bavard… . • Ta chambre à air paraît usé… .

Correction p. 177 Réussite : /10

276 **Tu peux écrire dix membres de phrases avec les noms de gauche et les adjectifs de droite. Écris-les.**

Ex. : une lampe éclairée.

une lampe	→	vert	cirées
deux tables	qui est	éclairée	verts
des stylos	qui sont	usagées	anciennes
un fauteuil		neufs	puissante
quatre chaises			

Correction p. 180 Réussite : /10

277 **Utilise l'adjectif en italique pour compléter :**

un chien très *gentil*	un orage *violent*
une chienne très ...	une pluie ...
des chatons très ...	des averses ...
des perruches très ...	des orages ...

ce gâteau est *léger* et *savoureux*
ces tartes sont ... et ...
cette meringue est ... et ...

Correction p. 181
Réussite : /10

278 **Complète en accordant les adjectifs avec leur nom.**

Une fiche est consacrée aux mots invariabl... . • Ces enfants sont trop maigr... . • Quels étourdi..., ces garçons ! • Un vol de canards sauvag... traversait le ciel. • Une lumière éclatan... surgit de l'horizon. • Les problèmes étaient difficil... . • Des animaux féroc... s'approchaient de la voiture. • Que tu es gourman..., ma fille ! • Le perroquet dormait sur son perchoir préféré... . • Tu as eu une excellen... idée.

Réussite : /10

279 **Choisis les prénoms qui vont avec les adjectifs de droite. Écris les phrases que tu obtiens.**

Ex. : Virginie et Sophie sont étourdies.

Virginie et Sophie
Julien et Romain
Bertrand et Louis → SONT → polis / étourdies / aimables / jolies
Christophe et Anne
Charlotte, Isabelle et Marc

Réussite : /10

280 **Trouve les noms auxquels se rapportent les adjectifs en italique.**

Ex. : Cette scie et ce marteau sont *petits*. → Cette scie et ce marteau.

Laurel et Hardy ont été très *célèbres*. • Ils étaient assis, sur un vieux banc, tout *pensifs*. • C'étaient des enfants tout à fait *ravissants*. • Les élèves de sa classe paraissent *satisfaits*. • J'ai vu des tableaux d'une beauté et d'une perfection *admirables*. • Il a une sœur et un frère très *brillants*. • Le second problème était plus *facile* que le premier. • Ces poires et ces pêches sont *mûres*. • La valise et les sacs étaient *pleins*. • Je crois que mes sœurs sont de plus en plus *maladroites*.

Réussite : /10

281 **Accorde les adjectifs entre parenthèses.**

Le renard et la fouine, animaux (rusé), se rencontrent dans les fables. • Je ne saurais dire laquelle est la plus (joli). • Ma chère, vous devez être (poli). • Il porte une veste et un pantalon trop (court). • Bébé tenait une tranche de pain trop (épais).

Réussite : /10

282 **Même consigne.**

L'or et le platine sont des métaux (rare) et (cher). • Il emprunta des passages très (sombre) et se retrouva dans une rue complètement (désert). • La pluie et le vent étaient (glacé). • On déboucha sur une route nettement moins (étroit) que la précédente. • Il les laissa (libre) de courir où ils voulaient. • Elle voulait que Julie et Patrick soient (beau) pour aller au spectacle. • Les histoires que je vous raconte sont (vrai). • Les nouveaux modèles sont beaucoup plus (solide) que les anciens.

Réussite : /10

A SAVOIR

un jum**eau**	le mus**eau**	une p**â**querette
des jum**eaux**	une mus**elière**	P**â**ques
des jum**elles**		
	un vaiss**eau**	un g**â**teau
un ann**eau**	un prun**eau**	r**ê**ver
un poir**eau**	une prun**elle**	un pot**eau**
un niv**eau**	un boul**eau**	ber**c**er

283 **Quels mots** A SAVOIR **sont de la même famille que ces mots :** museler, un berceau, un jumelage, niveler, une rêverie, une prune.

284 **Ecris les noms** A SAVOIR **qui se terminent par** -eau.

285 **Quels mots** A SAVOIR **correspondent à ces définitions ?**

1. Petite marguerite. • 2. Arbre. • 3. L'alliance en est un. • 4. Légume. • 5. Frères qui ont le même âge. • 6. Instrument d'optique pour regarder ce qui est éloigné. • 7. Navire. • 8. Instrument pour vérifier que quelque chose est bien horizontal. • 9. On en met une aux chiens méchants. • 10. Il sert à porter des fils.

286 **Voici toutes les lettres de trois mots** A SAVOIR, **rangées dans l'ordre alphabétique. Retrouve ces trois mots. Écris-les.**

a a â â e e e e e g j m p q r t t t u u u u

A RETENIR

• L'adjectif qualificatif **s'accorde toujours avec le nom** auquel il se rapporte. Il s'accorde en genre (masculin ou féminin) et en nombre (singulier ou pluriel).

• Lorsqu'un adjectif se rapporte à plusieurs noms, il est au masculin pluriel si un nom au moins est au masculin. Il est au féminin pluriel si tous les noms sont au féminin.

37 accord du participe passé sans auxiliaire

ÉTUDE DES RÈGLES

287 **Complète chaque participe passé en écrivant seulement le participe passé et ce qui t'a permis de trouver son accord.**
Ex. : 1re phrase → ces fruits, mangés.

Ces fruits, mangé... avec un sirop, sont très bons. • Descendu... dans la grotte de bon matin, ils ne remontèrent que deux jours plus tard. • Les enfants, couché... très tôt, s'endormirent presque aussitôt. • Cette fusée, lancé... hier, atteindra la planète Mars au mois d'octobre. • Tenu... par de braves gens, ce terrain de camping est très agréable. • Assis... sur un petit mur, elles attendaient le retour de leur père. • La viande est meilleure, préparé... avec des herbes de Provence. • Les assiettes, cass... en mille morceaux, gisaient sur le sol de la cuisine. • Retourn... sur le dos, la tortue peut mourir. • Il regrettait sa montre, perdu... dans le sable.

Correction p. 173 Réussite : /10

288 **Même consigne.**

Réveillé... par le coq, les campeurs ne peuvent se rendormir. • Assis... à son bureau, la directrice ouvre le courrier. • Les enfants surveillaient la route, install... dans le vieux chêne. • Les pompiers, mont... sur le toit, essayaient d'éteindre l'incendie. • Elle avançait péniblement, le visage griff... par les branches. • Les exposés termin..., les élèves sortirent de la classe. • Les curieux, pench... au-dessus de l'eau, regardaient la barque. • La chatte dormait, blotti... sous les couvertures. • Papa lui a acheté une petite maison en bois, viss... sur un socle. • Impressionn..., les gens ne parlaient plus.

Correction p. 178 Réussite : /10

289 **Complète chaque participe passé en écrivant seulement le participe passé et ce qui t'a permis de trouver son accord.**

Elle s'arrêta de courir, étonné... . • Aussitôt les vendanges terminé..., il retournait à l'école. • Reven... au village, elle ne nous quitta plus. • La pièce, jou... une deuxième fois, eut toujours autant de succès. • Aid... par une amie, elle réussit à réparer le moteur de sa voiture. • La petite chèvre gambadait, émerveill... . • Touch... par sa gentillesse, ils lui offrirent un cadeau. • Pouss... par le mistral, les voiliers s'éloignaient de la côte. • Ces films, tourn... en Italie, ont eu beaucoup de succès. • Elle s'endormait, la tête appuy... contre le mur.

Réussite : /10

A SAVOIR

une **coll**ection	de la **colle**	un **illustré**
une **coll**ine	le **coll**age	**ill**ustrer
un **vall**on	dé**coll**er	**ill**uminer
réel	actuel	naturel
réellement	actu**ell**ement	natur**ellement**
r**allumer**	fa**ll**oir	un **bull**etin

290 **Écris les mots qui commencent par** coll-.

291 **Quels adverbes terminés par** -ment **peux-tu écrire à partir de :** actuel, réel, naturel, tranquille, éternel, folle.

292 **Écris les mots commençant par** il-. **Que remarques-tu ?**

293 **Remplace les mots ou expressions en italique par des mots** A SAVOIR **de même sens ou de sens voisin.**

Ce devoir est *vraiment* difficile. • Ils ont construit leur maison sur une *hauteur*. • Les projecteurs *éclairent* le terrain. • Il a acheté *une revue avec beaucoup de dessins et de photos*. • Ma sœur a reçu son *relevé de notes*.

294 **Relève les verbes qui figurent dans les mots** A SAVOIR.

295 **Trouve les mots** A SAVOIR **qui sont de la même famille.**

nature, coller, vallée, allumette, collectionner, illustration, décollage, réalité, illumination, actualité.

A RETENIR

Le participe passé employé sans auxiliaire s'accorde comme un adjectif (avec le nom ou le pronom auquel il se rapporte).

38 accord sujet / verbe

ÉTUDE DES RÈGLES

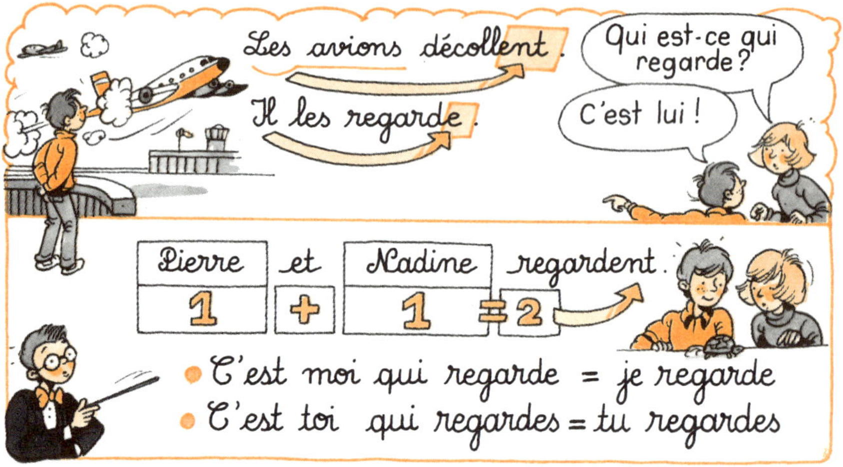

296 **Cherche le sujet des verbes en italique, puis écris-le avec le verbe.**
Ex. : Le chien de Stéphane *ronge* un os → Le chien ronge.

Mon oncle, sans se soucier du bruit, *continue* à dormir. • Un agent du service de sécurité *se tenait* debout devant la porte. • Comme les vendeuses du magasin *arrivaient*, elles croisèrent le chef du personnel qui *descendait* à toute allure. • Il regarda le chandail que lui *montrait* papa.

Correction p. 173 Réussite : /10

297 **Complète en accordant les verbes.**

Les places ne manquai... pas. • Papa et Pierrot prendrai... l'autobus pour aller en ville. • Il ne les avai... pas reconnues. • Catherine, Jeanne et le buraliste le voi... traverser la place à grands pas. • Je te les donn... . • Les enfants pataug... dans la boue, cueill... des mûres et ri... aux éclats. • C'est toi qui l'a... dit. • Aude les attrapai... les uns après les autres.

Correction p. 178 Réussite : /10

298 **Même consigne.**

Il faut que tu leur montr... la carte routière. • Elle vit les voitures qui démarrai... . • Il ne les reconnu... pas. • Son oncle et sa tante conservai... les vieux vêtements, même s'ils ne servai... plus. • Autrefois, on les mangeai... dans du lait. • Les défenseurs ne la quittai... pas du regard. • Que devien... les enfants ? • Les parents de Sophie exploit... une ferme en Touraine. • Un troupeau de vaches leur barr... la route.

Réussite : /10

299 **Complète en accordant les verbes.**

Il y a des gens qui vous dérang... pour un oui ou pour un non. • Je ne savais pas que mon frère et ma sœur avai... tant d'argent. • Les draps, suspendus dans le séchoir, devai... être secs. • Les chats qu'il caressai... ronronnai... très fort. • Les sièges de sa voiture étai... en cuir. • Il dictai... les nombres lentement et les répétai... si nécessaire. • Elles ne l'admirai... plus. • Il les bouscul... toujours pour monter le premier.

Réussite : /10

A SAVOIR

tranquille	une **grill**ade	un out**il**
tranquillement	la **grille**	l'outi**ll**age
la tranquil**lité**	**grill**er	
un conse**il**	mo**uill**er	le **meill**eur
le **deuil**	se débr**ouill**er	un **sill**on
un **œil**	la **rouille**	**vieil**le

300 **Quels noms correspondent à ces verbes ?**

griller, outiller, endeuiller, sillonner, conseiller, tranquilliser, améliorer, rouiller.

301 **Relève tous les mots** A SAVOIR **qui s'écrivent avec** deux l **se prononçant** *l* (comme dans ballon).

302 **Écris les mots** A SAVOIR **:**

1. qui ont deux **i** • 2. qui ont un **l** qui ne se prononce pas. • 3. qui se terminent par **il.** • 4. qui sont au féminin. • 5. qui sont des adjectifs.

303 **Parmi tous ces mots, quels sont ceux qui figurent dans la liste des mots** A SAVOIR **?**

grillade, quille, rouille, mouillage, mouiller, vieille, vieillesse, briller, griller, yeux, tranquille, meilleur, grillage, brouillon, sillon, brouille, œil, outillage, merveille.

A RETENIR

Le verbe **s'accorde toujours avec son sujet.** Si le sujet est au singulier, le verbe est au singulier. Si le sujet est au pluriel, le verbe est au pluriel.
La place du sujet ne change pas l'accord :
- le sujet peut être séparé du verbe par un pronom, par une négation ou par un groupe de mots ;
- le sujet peut être inversé et situé après le verbe.

39 accord du participe passé avec être

ÉTUDE DES RÈGLES

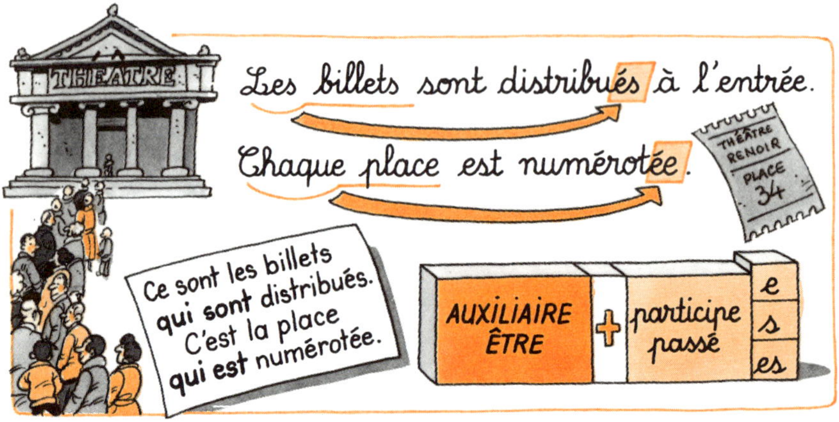

304 **Trace toutes les flèches possibles, puis écris les phrases obtenues.**

Ils sont	perdues dans les rues.
Il est	fermés jusqu'à demain.
Elles sont	suivi par un policier.
Elle est	cassés en mille morceaux.
	habillé avec élégance.
	envoyées par la poste.
	vendue très cher.
	remonté à la surface.
	repartis en voiture.
	porté par les vagues.

Correction p. 173 Réussite : /10

305 **Complète en accordant les participes passés.**

Les blessés furent soign... sur place. • Les châteaux de la Loire sont très visit... . • Les crêpes ont été retourn... du premier coup. • Ce linge est marqu... à tes initiales. • Les tableaux anciens sont très admir... . • Ces lois ont été discut... pendant des mois. • Ils furent conduit... dans le bureau du juge. • Les infirmiers sont ressort... en courant. • Ces toits sont couvert... de jolies tuiles. • Les ambulances sont repart... à vive allure.

Correction p. 178 Réussite : /10

306 **Complète en accordant les participes passés.**

Nous serons redescend... quand vous arriverez. • Elles avaient été piqu... par des guêpes. • Les coureurs sont pass... il y a dix minutes. • Les enfants sont rentr... chez eux en courant. • Je crois qu'ils sont sort... . • Ils doivent être accompagn... .

• Les bateaux sont entr... au port. • Les hirondelles sont reven... . • Mes lunettes étaient pos... sur le bureau. • Une fusée a été lanc... à trois heures. Réussite : /10

307 **Trace toutes les flèches possibles, puis écris les phrases obtenues.**

Elle était	recouverte de boue.
Il fut	traversés par une autoroute.
Ils seront	remplie d'eau.
Elles ont été	gardées par un robot.
	cachée par un buisson.
	renversé par un chauffard.
	changé en prince charmant.
	apprises avec soin.
	construits en béton.
	remercié pour ses services.

Réussite : /10

A SAVOIR

mé**content** mé**contenter**	un souhait souhaiter	un sur**saut** sur**sauter**
un regret regrett**able** regrett**er**	un profit profit**er**	le respect respecter
un reflet des **sanglots**	le **capot** écar**ter**	un **combat**

308 **Quels mots** A SAVOIR **sont de la famille de ces verbes ?**
sangloter, respecter, capoter, combattre, refléter.

309 **Écris les verbes qui correspondent à ces noms.**
le respect, un écart, un souhait, un regret, un sursaut.

310 **En utilisant les mots suivants, quels adjectifs peux-tu écrire avec le suffixe** -able **de** regrettable ?
souhait, profit, respect.

311 **Écris les mots** A SAVOIR **qui contiennent le préfixe** mé- **ou le préfixe** sur-. **Quels mots obtiens-tu si tu enlèves ces préfixes ?**

A RETENIR

Le participe passé employé avec l'auxiliaire *être* s'accorde en genre et en nombre avec le sujet du verbe. Il fonctionne comme un adjectif. Plus simplement, on cherche *ce qui est...* pour accorder.

40 accord du participe passé avec être et avoir

ÉTUDE DES RÈGLES

312 **Dans chaque phrase, souligne l'auxiliaire** avoir **ou** être, **puis complète en accordant le participe passé, si nécessaire.**

Ici, les hameaux sont éparpill... dans la campagne. • La route descend vers la rivière qui est domin... par le château. • Elles avaient invent... un robot. • De nouvelles mesures ont été envisag... . • Elle a réalis... des films qui me plaisent. • A quoi ont-ils bien pens... ? • Il n'a pas regrett... ses erreurs. • Sont-ils déjà entr... à l'école ? • Ses remarques furent interromp... par l'arrivée de mon frère. • Ces lettres seront peint... en noir.

Correction p. 173 Réussite : /10

313 **Même consigne.**

Cette histoire est arriv... l'an dernier. • Les ouvriers qui ont été convoqu... partiront en car. • Elle avait pliss... les yeux à cause du soleil. • Les cambrioleurs ont perc... les murs de la banque. • Ils étaient habitu... à la chaleur. • Ils ont lutt... pendant des heures. • Ils ne sont pas press... de repartir. • Elles auraient protest... vigoureusement si elles avaient su... que des pages avaient été arrach... .

Correction p. 178 Réussite : /10

314 **Complète en accordant les participes passés, si nécessaire.**

Les sorties sont autoris... le soir. • Les touristes ont préfér... ce guide. • La pelouse a été bien tond... • Le crabe m'a pinc... les doigts. • A quelle heure sont-elles part... ? • Toute la famille a bien profit... de ses vacances. • Cette leçon n'avait pas été appri... . • Ils ont été retard... . • Elle avait déguis... Nathalie en pirate ! • Les joueurs ont beaucoup discut... .

Réussite : /10

315 **Même consigne.**

Avez-vous gonfl... le ballon ? • Elle a compos... une chanson. • Ils ont encore exagér... ! • Les appels à la radio furent entend... par plusieurs médecins. • Ces places sont réserv... aux personnes âgées. • Ils n'ont pas hésit... très longtemps. • Je t'ai déjà expliqu... cette leçon. • C'est elle qui a été nomm... . • Ces livres sont très lu... . • Les espions ont pénétr... dans le château par un souterrain.

Réussite : /10

A SAVOIR

une insulte	un ov**ale**	un colonel
insulter	le pétr**ole**	un violon
un adulte	la p**â**leur	un balai
un rept**ile**	sale	cambri**oler**
peler	la vertic**ale**	le mobilier
é**larg**ir	les **al**entours	le péri**l**

316 **Dans la liste ci-dessus, relève les verbes.**

317 **A quel nom correspond chacun de ces verbes ?**
insulter, balayer, cambrioler, pâlir.

318 **Écris les mots** A SAVOIR **qui contiennent** ol, **puis ceux qui contiennent** al.

319 **Complète par des mots** A SAVOIR.

Le serpent est un ... . • Un fil à plomb donne la ... . • Le ... est un instrument à cordes. • Le ballon de rugby est souvent appelé ballon ... . • Le ... est l'ensemble des meubles dans une maison. • Ils se sont promenés aux ... du village. • On épluche une pomme de terre, on ... une pêche. • Le ... a été nommé général. • Je l'ai entendu ... son voisin et le menacer. • Ce chiot pèsera trente kilos à l'âge ... .

320 **Regroupe deux par deux les mots de la même famille.**
un violoncelle, vertical, pâle, la saleté, large, verticalement, péril, élargir, pâleur, périlleux, sale, mobilier, violon, mobile.

A RETENIR

Le participe passé employé avec l'auxiliaire *avoir* ne s'accorde jamais avec le sujet du verbe. Plus simplement, on cherche *ce qui est...* : si on n'a pas écrit *ce qui est...* avant le participe passé, celui-ci reste invariable.

41 accord du participe passé avec avoir

ÉTUDE DES RÈGLES

321 **Trace toutes les flèches possibles, puis écris les phrases que tu as obtenues.**

J'aime → la tarte qu'il a → achetée

J'aime	la tarte qu'il a	
	les bonbons qu'il a	acheté
	les tartes qu'il a	achetée
	le gâteau qu'il a	achetés
	la glace qu'il a	achetées
	les biscuits qu'il a	

Correction p. 173 Réussite : /10

322 **Complète.**

Il a plant… sa tente au milieu du pré.
La tente qu'il a plant… est en plein soleil.

Elle a enfil… deux tricots bien chauds.
Les tricots qu'elle a enfil… sont chauds.

On m'a réclam… des livres.
Je n'ai pas les livres qu'on m'a réclam… .

Ces bêtes, je ne les avais jamais vu… .
Je n'avais jamais vu… ces bêtes.

Où sont les feuilles ? Je les ai oubli… .
J'ai oubli… les feuilles.

Correction p. 178 Réussite : /10

323 **Complète en accordant les participes passés, si nécessaire.**

Les touristes ont déclar… des marchandises à la douane. • Cette planète a été observ… pendant des siècles. • Ma grand-mère m'a expédi… les livres que je lui avais demand… . •

Hélène est pass... inaperçue. Personne ne l'a remarqu... . • Trois plats sont propos... comme hors-d'œuvre. • Tous les peintres ont expos... leur meilleur tableau. • Il a souvent dompt... des tigres. • Les brochettes qu'elle a prépar... étaient très bonnes.

Correction p. 180 Réussite : /10

324 **Même consigne.**

Maman a prépar... un poulet. • Je voudrais la robe jaune que j'ai vu... en vitrine. • Des milliers de livres sont publi... chaque année. • Les loups ont hurl... toute la nuit. • Elles furent pri... la main dans le sac. • Le voleur que les gendarmes ont arrêt... était recherch... depuis trois mois. • Si elle ne les avait pas sépar..., ils n'auraient jamais cess... leur bagarre. • Ces romans sont traduit... en plusieurs langues.

Correction p. 181 Réussite : /10

325 **Complète en accordant les participes passés, si nécessaire.**

Vos souhaits seront entend... . • Ces fêtes sont organis... par le syndicat d'initiative. • C'est la voiture qu'il a command... . • Ils n'ont pas encore trouv... de nom pour leur chienne. • Prêtez-moi les livres que vous avez déjà lu... . • Les enfants ne sont pas all... dans la cour, ce matin. • Son arrivée n'était pas attend... . • Je les ai appel..., mais elles n'ont pas répond... . • Il cherche sa montre, mais je crois qu'il l'a perd... .

Réussite : /10

326 **Complète.**

J'ai laiss... les canaris sur le balcon.
Je les ai laiss... sur le balcon.

J'aime la chanson que tu as chant... .
Tu as chant... une chanson qui me plaît.

Je n'ai pas entend... tes camarades.
Ils étaient quatre et je les ai entend... .

On a appel... les pompiers tout de suite.
Voici les pompiers qu'on a appel... .

Les ouvriers ont pos... toutes les tuiles.
Quant aux tuiles, ils les ont pos... .

Réussite : /10

327 **Complète en accordant les participes passés, si nécessaire.**

Il a emport... la voiture que nous avions fabriqu... pour son anniversaire. • Sa mère avait cherch... les jouets mais Clémentine les avait cach... ailleurs. • A qui ces bijoux ont-ils été vend... ? • Tous ses frères sont mari... . • Ils m'ont impos... un règlement très sévère. • Les lumières ont brill... toute la nuit. • Des éléphants ont été aperç... au bord du fleuve. • J'ai eu une idée qu'ils ont tous accept...

Réussite : /10

328 **Même consigne.**

Elle a pri... sa blouse et l'a roul... en boule dans son cartable. • Les fusées qu'ils ont lanc... ont provoqu... des accidents. • Les petits sont maintenant couch... . • Ils ont eu... une amende parce qu'ils avaient dépass... la vitesse autorisée. • Quand mes copains ont vu... mon vélo, ils l'ont entour... pour l'admirer. • Je les ai félicit... . Réussite : /10

A SAVOIR

attention	une **attaque**	le **chauffage**
attentif	**attaquer**	la **chaufferie**
attentivement	**lutter**	ré**chauffer**
une **goutte**	**effacer**	une marm**otte**
une **gouttière**	en **effet**	une car**otte**
flatter	une **affaire**	une **att**itude

329 **Quel verbe correspond à chacun de ces noms ?**

le réchauffement, le chauffage, une attaque, l'effacement, un flatteur, la lutte.

330 **Classe les mots** A SAVOIR **en deux groupes :**

1. Mots avec deux **t.** 2. Mots avec deux **f.**

331 **Quels sont les mots** A SAVOIR **qui ont** trois t **?**

332 **Trouve les mots** A SAVOIR **qui correspondent à ces définitions.**

1. Légume. • 2. Animal. • 3. Très petite quantité d'eau. • 4. Acte agressif. • 5. Manière de se tenir. • 6. Au bord du toit pour recueillir l'eau de pluie. • 7. Endroit où se trouvent des chaudières. • 8. Vigilant. • 9. Enlever. • 10. Effectivement.

333 **Complète ces expressions.**

Attirer son ... sur un détail. • Lire ... un énoncé de problème. • Un chat de ... . • Dormir comme une ... . • Le ... au gaz. • Se ... de tout réussir. • ... à armes égales. • Faire une bonne ... . • Faire ... la soupe. • Couler ... à ... .

A RETENIR

Le participe passé employé avec l'auxiliaire *avoir* s'accorde avec *ce qui est...* si la réponse se trouve avant le participe passé. On dit qu'il s'accorde avec le complément d'objet direct quand celui-ci est placé avant le verbe.

334 **Donne l'infinitif et la personne des verbes écrits en italique.**
Ex. : elle *aime* les glaces (aimer, elle).

Ils *s'étendirent* sur l'herbe. • *Viens*-tu avec moi ? • Je te *crois* volontiers. • Un bruit de porte me *surprit* et me *fit* sursauter. • L'employé *lisait* le journal. • Vous *comprenez* très bien. • Il *craignait* beaucoup le soleil. • On n'*apercevait* plus le bout de leurs oreilles. • Aurore *attendait*, tranquillement assise sur le banc. Correction p. 173 Réussite : /10

335 **Même consigne.**

Elle *obtient* tout ce qu'elle veut. • Ces livres *alourdissaient* beaucoup la valise. • Vous *réussirez* sûrement votre examen. • On *écrivait* avec des plumes d'oie. • Il me *permit* de l'accompagner. • C'est toi qui *chantes* si bien ? • Le cerf *souffrait* beaucoup. • Je me *construirai* une maison en bois. • Ils *suivirent* longtemps la ligne de chemin de fer. • Il *peint* les portes de son appartement. Réussite : /10

A RETENIR

La terminaison d'un verbe dépend du temps (et du mode) de la conjugaison. Elle dépend aussi de l'infinitif du verbe et de la personne à laquelle il est conjugué.

A SAVOIR

tout **à** coup
tout **à** fait
tout de même
quand **même**
de manière **à**
peut-être
plusieur**s**
afin de
afin que
dès que
hélas !
a**h** !
o**h** !
ce**pendant**
de**hors**
debou**t**
jadi**s**
déj**à**
au-del**à** de

336 **Quel est le contraire de ces mots ?**
un seul, dedans, sûrement, couché, heureusement.

337 **Quel mot** A SAVOIR **est synonyme de chacun de ces mots ?**
pour, autrefois, soudain, complètement, sans doute.

338 **Complète par des mots** A SAVOIR.
Il n'est plus ... le même. • ... ! non, il ne faut pas dire cela ! • Je n'ai pas faim car j'ai ... mangé. • ... ! que j'ai mal. • Il vous attendra ... du pont.

339 **Remplace les mots en italique par des mots** A SAVOIR.
Malgré ce qu'il disait, il est *pourtant* venu. • Il t'attend *dans la cour*. • Je te le dis *pour que* tu le saches. • Rejoins-moi *quand* tu seras habillé. • Il rangea ses clés *pour* ne pas les perdre.

A SAVOIR

énergi**que**
l' énergi**e**
une comédie
une étourderie
une cérémonie
un incendi**e**
le géni**e**
un geste
gémir
ravager
un con**cierge**
un bour**ge**on
un ré**frigér**ateur
du givre
la qu**eue**
une gorgée
une proie
un lyc**ée**
rédiger

340 **Écris les mots ci-dessus qui contiennent un** g.

341 **Écris les mots ci-dessus qui se terminent par un** e. **Souligne ceux qui sont au masculin.**

342 **Trouve un mot de la même famille que les mots suivants.**
un comédien, un étourdi, génial, un gémissement, des ravages, bourgeonner, la gorge, incendier, gesticuler, givrer.

343 **Complète par des mots** A SAVOIR.
Ils avançaient à la ... leu leu. • Un ... est dirigé par un proviseur. • La ... du mariage a lieu samedi. • Le gendarme devait ... le procès-verbal. • Pasteur était un savant de ... .

344 **Complète par** ai, es **ou** est.

Je n'... pas voulu manger mon artichaut. • Tu n'... pas très courageux. • Je t'... cueilli une pâquerette. • Pourquoi ...-tu triste ? • Je prends l'hameçon qui ... le plus gros. • C'est moi qui ... réparé le tambour. • Le chien n'... pas aussi agile que le chat. • ...-je de bons réflexes ? • Je n'... pas pu éviter l'obstacle. • C'est elle qui ... la plus estimée dans la classe.

Correction p. 173 Réussite : /10

345 **Même consigne.**

...-tu content du résultat ? • Je n'... pas vu la panthère. • C'est moi qui ... conduit le bateau. • Il n'... certainement pas responsable. • C'est toi qui ... chargé de la livraison. • Je n'... plus de voix. • C'est ce médicament qui ... le plus efficace contre la grippe. • Ce n'... pas moi qui ... joué de la trompette à minuit. • C'est le gâteau qui ... au citron.

Réussite : /10

A RETENIR

Il ne faut pas confondre :
- **ai** : verbe *avoir* à la 1re personne du singulier du présent de l'indicatif ;
- **es, est** : verbe *être* aux 2e et 3e personnes du singulier du présent de l'indicatif.

44 verbes fondamentaux au présent de l'indicatif

ÉTUDE DES RÈGLES

avoir	pouvoir	vouloir
j' ai tu as il a nous avons vous avez ils ont	je peux tu peux il peut nous pouvons vous pouvez ils peuvent	je veux tu veux il veut nous voulons vous voulez ils veulent
être	**faire**	**dire**
je suis tu es il est nous sommes vous êtes ils sont	je fais tu fais il fait nous faisons vous faites ils font	je dis tu dis il dit nous disons vous dites ils disent
voir	**prendre**	**venir**
je vois tu vois il voit nous voyons vous voyez ils voient	je prends tu prends il prend nous prenons vous prenez ils prennent	je viens tu viens il vient nous venons vous venez ils viennent
savoir	**mettre**	**aller**
je sais tu sais il sait nous savons vous savez ils savent	je mets tu mets il met nous mettons vous mettez ils mettent	je vais tu vas il va nous allons vous allez ils vont

346 **Écris les verbes suivants à la 2e personne du singulier et à la 2e personne du pluriel du présent de l'indicatif.**

refaire, admettre, vouloir, redire, revoir, pouvoir, avoir, apprendre, retenir, mettre. Correction p. 173 Réussite : /10

347 **Écris les verbes suivants à la 1re et à la 3e personne du pluriel du présent de l'indicatif.**

être, savoir, aller, tenir, comprendre, défaire, prendre, venir, faire, dire. Réussite : /10

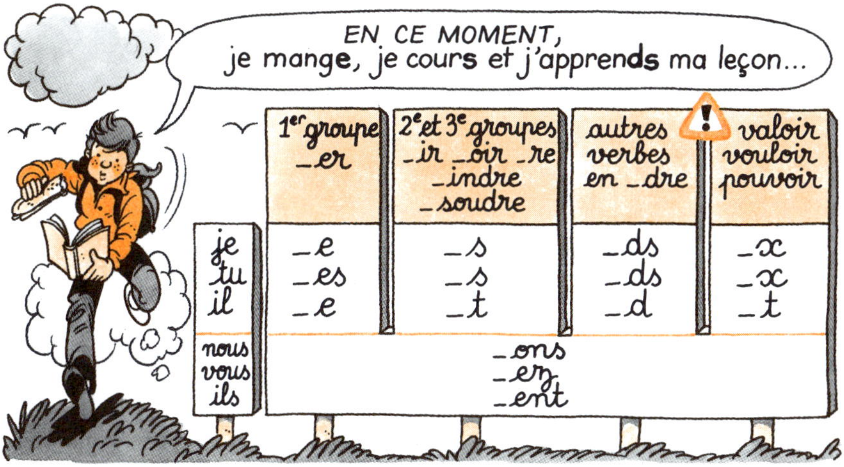

348 **Trace toutes les flèches possibles.**

je	rient	je	dorment
tu	rit	il	veux
on	ris	vous	comprend
nous	rions	elles	pâlis
ils			écoutez

Correction p. 173 Réussite : /10

349 **Pour chaque verbe, écris toutes les personnes possibles.**
Ex. : je, il, elle, on chante.

... venez	... lançons	... ignorent
... oublies	... réussit	... finis

Correction p. 178 Réussite : /10

350 **Même consigne.**

... tutoient	... confies	... modifiez
... paie	... assois	

Correction p. 180 Réussite : /10

351 **Trace les flèches pour relier chaque verbe à sa terminaison.**

je sor		il cri	
je fini	**e**	elle réussi	**e**
je continu		on oubli	
je te remerci	**s**	il étudi	**t**
je vérifi		elle condui	

Correction p. 181 Réussite : /10

352 **Complète au présent de l'indicatif.**

Ça sen… le brûlé. • On ne continu… pas. • Ils viv… tous dans le même appartement. • Lanç…-nous ce projet ? • Je n'y croi… pas. • Il se ren… utile. • Tu cri… beaucoup trop fort. • Il ne tien… plus en place. • Il per… toujours tout ce qu'on lui confi… .

Correction p. 181 Réussite : /10

353 **Pour chaque verbe, écris toutes les personnes possibles.**

… tries	… croit	… organisons
… écris	… surprends	… continues

Réussite : /10

354 **Trace les flèches pour relier chaque verbe à sa terminaison correcte.**

je per		elle résou	
je crain	**s**	il pein	**t**
je rejoin		elle enten	
je pren	**ds**	on étein	**d**
je répon		il ven	

Réussite : /10

355 **Complète au présent de l'indicatif.**

On s'endor… dans la paille. • Il me ven… une roue de vélo. • Que me demand…-tu ? • Michel recopi… son devoir. • Je ne peu… pas. • Que doi…-tu faire ? • Il reçoi… toujours beaucoup de courrier. • Elle ri… toute seule. • Elle éternu…, elle doi… s'enrhumer.

Réussite : /10

356 **Même consigne.**

Tu te met… à plat ventre et tu regard… sous la haie. • Nous mang… un très bon fromage blanc. • Il m'atten… sur le trottoir. • Pourquoi cour…-tu si vite ? • Maman secou… la salade. • J'appréci… ta gentillesse. • Elle s'aperçoi… de ma présence. • Je n'oubli… pas ce que tu m'as dit. • Elle fleuri… son balcon.

Réussite : /10

357 **Complète au présent de l'indicatif.**

Il cri… à tue-tête. • Est-ce que tu enten… la sirène ? • Il publi… un livre sur les chats. • Je revien… dans quelques minutes. • Cette usine produi… de l'aluminium. • Je dépli… la carte. • Ce projet me contrari… . • Est-ce que tu avou… ? • De quelle région ven…-vous ? • Les usines pollu… souvent les rivières.

Réussite : /10

358 **Même consigne.**

Quand par...-tu ? • Tu remu... trop ! • Je vous salu... . • J'enten... un bruit curieux. • Je fini... mes devoirs et je te rejoin... . • Il se plain... souvent. • Je vous remerci... . • Elle choisi... la plus jolie des deux. • En marchant sans chaussures, il trou... toutes ses chaussettes. Réussite : /10

A SAVOIR

app**e**ler	la gri**ppe**	un progr**amme**
appartenir	une gra**ppe**	la **flamme**
un **app**artement	**supp**rimer	un rest**au**rant
l'**app**rentissage	do**mm**age	un s**au**mon
l'**appl**ication	nommer	un faut**euil**
ra**pp**rocher	**autre**ment	le laur**ier**
	autant	sau**f**

359 **Classe les mots** A SAVOIR **qui ont une consonne double en deux groupes, suivant qu'il s'agit du** p **ou du** m.

360 **Quel est le mot** A SAVOIR **le plus long ? le plus court ? qui a le plus grand nombre de** u **? qui contient un** d **?**

361 **Relève les mots** A SAVOIR **qui se terminent par une lettre muette.**

362 **Parmi les mots** A SAVOIR, **trouve celui qui désigne :**

1. Un poisson. • 2. Une maladie. • 3. Un siège. • 4. Un logement. • 5. Une plante.

363 **Écris le verbe** A SAVOIR **qui correspond à chacun de ces noms.**

le nom, une suppression, un appel, un rapprochement, l'appartenance.

364 **Écris le nom** A SAVOIR **qui correspond à chacun de ces verbes.**

s'appliquer, se restaurer, apprendre, programmer, enflammer.

A RETENIR

Au singulier, les terminaisons du présent de l'indicatif dépendent de l'infinitif du verbe :

- Les verbes terminés par **-er** ont les terminaisons **-e, -es, -e.**
- Les verbes terminés par **-ir, -oir, -re, -indre** et **-soudre** ont les terminaisons **-s, -s, -t.**
- Les verbes terminés par **-dre** (sauf **-indre** et **-soudre**) ont les terminaisons **-ds, -ds, -d.**
- Les verbes **pouvoir, vouloir, valoir** ont les terminaisons **-x, -x, -t.**

46 verbes et noms homophones

Étude des Règles

365 **Complète les noms et les verbes.**

Je pousse un cri… . • Mon petit frère cri… . • Ma jupe a des pli… . • Il pli… les draps. • Je crois qu'elles emploi… ce produit. • Il y a de nouveaux emploi… . • Je pari… que j'ai raison. • Je fais un pari… . • Il faut encore qu'ils essai… . • Le joueur a marqué trois essai… . Correction p. 174 Réussite : /10

366 **Même consigne.**

Mon réveil… sonne. • Ils oubli… souvent de m'écrire. • Elle vend des appareil… électroniques. • Mes parents m'envoi… un colis. • On travail… bien à l'école. • J'ai trouvé des clou… . • Ils se réveil… à huit heures. • C'est un travail… pénible. • Ils se mari… aujourd'hui. • Les employés tri… le courrier.

Réussite : /10

A RETENIR

• Le nom s'accorde. Il a un *genre* (masculin ou féminin). Il varie en *nombre* (singulier ou pluriel).

• Le verbe se conjugue. Il a une *terminaison* qui dépend de son infinitif, du temps et du mode de la conjugaison ainsi que de la personne à laquelle il est conjugué.

verbes fondamentaux à l'imparfait de l'indicatif 47

avoir	être	faire
j' avais tu avais il avait nous avions vous aviez ils avaient	j' étais tu étais il était nous étions vous étiez ils étaient	je faisais tu faisais il faisait nous faisions vous faisiez ils faisaient
pouvoir	**aller**	**voir**
je pouvais tu pouvais il pouvait nous pouvions vous pouviez ils pouvaient	j' allais tu allais il allait nous allions vous alliez ils allaient	je voyais tu voyais il voyait nous voyions vous voyiez ils voyaient
tenir	**prendre**	**courir**
je tenais tu tenais il tenait nous tenions vous teniez ils tenaient	je prenais tu prenais il prenait nous prenions vous preniez ils prenaient	je courais tu courais il courait nous courions vous couriez ils couraient
dire	**savoir**	**venir**
je disais tu disais il disait nous disions vous disiez ils disaient	je savais tu savais il savait nous savions vous saviez ils savaient	je venais tu venais il venait nous venions vous veniez ils venaient

367 **Écris les verbes suivants à la 1re personne du singulier et à la 1re personne du pluriel de l'imparfait.**

s'en aller, revoir, prendre, refaire, avoir, pouvoir, revenir, courir, comprendre, retenir.

Correction p. 174 Réussite : /10

368 **Même consigne.**

apprendre, parcourir, défaire, venir, être, savoir, voir, soutenir, surprendre, secourir.

Réussite : /10

A SAVOIR

un casse-cou
un casse-noix
tailler
un **taill**e-crayon
un nouveau-**né**
un sous-marin

l'après-**midi**
après-**demain**
par-ci, par-là
une chambre **à** air
une canne **à** pêche
c'est-**à**-dire
à plat ventre

un demi-cercle
une demi-heure
s'il vous **plaît**
en **tout** cas
s'**en** aller
un dessin animé

369 **Relève les mots qui s'écrivent avec la préposition** à.

370 **Dans quels mots** A SAVOIR **retrouves-tu les verbes suivants ?**
tailler, animer, casser, naître, plaire.

371 **Complète par des mots** A SAVOIR.
Quand tu rampes, tu te déplaces ... . • Il étudiait les aranéomorphes, ... les araignées. • Il répare la ... de sa roue de bicyclette. • Le ... est un navire qui navigue sous l'eau. • Pour la truite, il prend une ... spéciale.

372 **Quel mot** A SAVOIR **a le même sens que chacun de ces mots ou expressions ?**
à plusieurs endroits ; trente minutes ; partir ; dans n'importe quel cas ; une gaule (longue perche).

A SAVOIR

orn**er**
un orn**ement**
brod**er**
un médicament
un mensonge
la lent**eur**

dé**ménag**er
un dé**ménag**ement
un dé**part**ement
sensible
ren**ferm**er
un **engin**

hurler
s'énerver
payer
s'en**fuir**
vomir
trier

373 **Dans la liste ci-dessus, relève tous les mots qui contiennent** en. **Écris-les par ordre alphabétique.**

374 **Quels verbes correspondent à ces noms ?**
un hurlement, un déménagement, le tri, une broderie, un vomissement, un ornement, l'énervement.

375 **Dans la liste ci-dessus, quels verbes désignent les actions faites par les personnages suivants.**
1. Un homme qui porte un meuble. • 2. Un client qui passe à la caisse. • 3. Un employé de la poste qui manipule le courrier. • 4. Une vieille dame avec un napperon sur les genoux. • 5. Les voleurs qui ont déclenché une sirène d'alarme.

376 **Trouve les mots** A SAVOIR **qui sont de la famille de :**
lent, un sens, un nerf, mentir, fermer.

imparfait de l'indicatif **48**

ÉTUDE DES RÈGLES

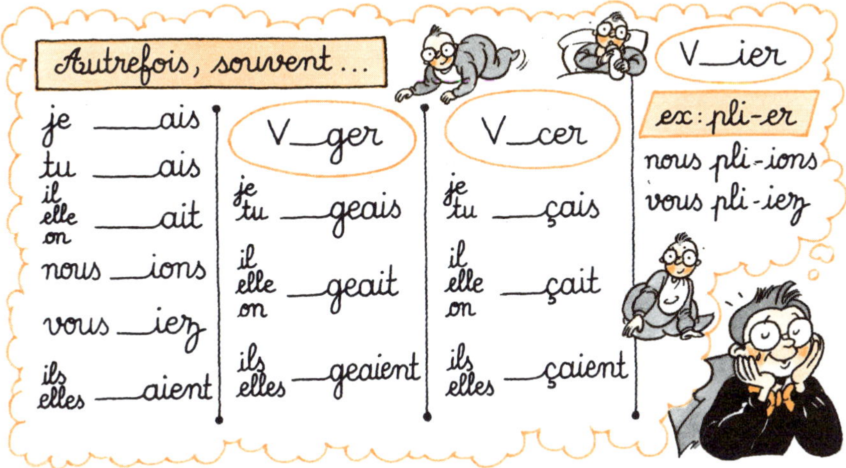

377 **Complète à l'imparfait de l'indicatif.**

Je nag... tous les matins. • On n'avanc... pas vite, à cause du vent. • Il ne fall... pas l'attacher. • C'était lui qui prononc... les discours. • Elles ne dis... rien, mais agiss... avec courage. • Elle ne chang... jamais de chaussures. • Qui remplac... l'ailier droit ? • A l'époque, vous dirig... un orchestre. • Chaque soir, on corrig... ses exercices.

Correction p. 174 Réussite : /10

378 **Même consigne.**

Ils voyag... pendant toutes leurs vacances. • On lui indiqu... toujours les meilleures adresses. • Il lanc... le javelot très loin. • Avec qui partag...-tu tes repas ? • Les chatons fix... le chien et ne trembl... plus. • L'orage menac... . • Il se charg... souvent des corvées. • Je m'exerc... chaque soir. • Elle s'enfonc... dans la neige.

Réussite : /10

A RETENIR

• Les terminaisons de l'imparfait de l'indicatif sont les mêmes pour tous les verbes : *-ais, -ais, -ait, -ions, -iez, -aient.*

• Les verbes terminés à l'infinitif par **-ger** s'écrivent **-ge-** quand la terminaison commence par un **a** : *je mangeais, il rangeait...*

• Les verbes terminés à l'infinitif par **-cer** s'écrivent **-ç-** quand la terminaison commence par un **a** : *je lançais, il avançait.*

49 verbes fondamentaux au futur de l'indicatif

ÉTUDE DES RÈGLES

avoir	aller	jouer
j' aurai	j' irai	je jouerai
tu auras	tu iras	tu joueras
il aura	il ira	il jouera
nous aurons	nous irons	nous jouerons
vous aurez	vous irez	vous jouerez
ils auront	ils iront	ils joueront
être	**faire**	**savoir**
je serai	je ferai	je saurai
tu seras	tu feras	tu sauras
il sera	il fera	il saura
nous serons	nous ferons	nous saurons
vous serez	vous ferez	vous saurez
ils seront	ils feront	ils sauront
cueillir	**venir**	**prendre**
je cueillerai	je viendrai	je prendrai
tu cueilleras	tu viendras	tu prendras
il cueillera	il viendra	il prendra
nous cueillerons	nous viendrons	nous prendrons
vous cueillerez	vous viendrez	vous prendrez
ils cueilleront	ils viendront	ils prendront
pouvoir	**courir**	**voir**
je pourrai	je courrai	je verrai
tu pourras	tu courras	tu verras
il pourra	il courra	il verra
nous pourrons	nous courrons	nous verrons
vous pourrez	vous courrez	vous verrez
ils pourront	ils courront	ils verront

379 **Écris les verbes suivants à la 3e personne du singulier et à la 3e personne du pluriel du futur.**

avoir, tenir, pouvoir, courir, refaire, revoir, parvenir, jouer, défaire, apprendre. Correction p. 174 Réussite : /10

380 **Écris les verbes suivants à la 1re personne du singulier et à la 1re personne du pluriel du futur.**

s'en aller, accourir, recueillir, savoir, nouer, être, faire, revenir, prendre, voir. Réussite : /10

futur de l'indicatif 50

ÉTUDE DES RÈGLES

381 **Écris ces verbes à la 1re et à la 3e personne du singulier du futur.**

construire, interdire, perdre son temps, peindre, clouer une planche, sauter à la corde, s'enfuir en riant, illustrer un album, simplifier une opération, grandir. Correction p. 174 Réussite : /10

382 **Même consigne.**

siffler, crier fort, se méfier, louer une maison, déposer un colis, applaudir, dormir, apercevoir, se fatiguer, redescendre.

Correction p. 178 Réussite : /10

383 **Complète au futur de l'indicatif.**

Mon père me refus… l'autorisation de faire l'escalade. • Est-ce que ta mère jou… au tennis avec moi ? • Tu n'oubli… pas ton parapluie ! • Tu ver…, nous ferons d'autres promenades. • Avec lui, je m'amus… bien. • Je ne cri… pas. • Tu me remerci… quand tout sera terminé. • Il me suppli… mais je ne céd… pas. • Tu copi… bien ta récitation.

Correction p. 180 Réussite : /10

384 **Écris les verbes suivants à la 3e personne du singulier et à la 3e personne du pluriel du futur.**

vendre une voiture, voir un film, boire du sirop, venir à pied, envoyer une lettre, éteindre, coudre un bouton, se dévouer, colorier, bondir.

Réussite : /10

385 **Complète au futur de l'indicatif.**

Nous sorti... à midi. • On verni... ce tableau dans six mois. • Je continu... tant qu'il ne m'aura pas vu. • J'étudi... l'histoire ancienne. • Je te photographi... demain. • On expédi... ce colis tout à l'heure. • On démoli... ce vieux mur. • Ils envi... certainement tes résultats. • On distribu... des bonbons à tous les élèves. • Nous vous salu..., c'est promis.

Réussite : /10

A SAVOIR

le foie
la foi
peindre
un **peintre**
la **peinture**
peint
une **teinte**

un fruit **mûr**
une **mûre**
un **taon**
un ran**g**
un pin
un **hêtre**

sain
saine
court
une **aire**
la voi**x**
un doi**gt**
un arc

386 **Quels mots** A SAVOIR **trouve-t-on dans les mots suivants ?**

une pinède, courte, mûrir, une arcade, une rangée.

387 **Écris les mots** A SAVOIR **qui désignent :**

1. Une partie du corps humain. • 2. Un insecte. • 3. Un arbre. • 4. Un fruit. • 5. Une personne.

388 **Complète par des mots** A SAVOIR.

Le climat de cette région est très ... . • Son pantalon est trop ... . • On l'a rencontré sur une ... de stationnement de l'autoroute de l'Ouest. • Van Gogh est un ... célèbre. • Ses écailles étaient de ... verdâtre. • C'est un témoin digne de ... . • Ils parlent à ... basse.

389 **Complète logiquement chaque série de mots par un mot** A SAVOIR.

un paon, un faon, un ... . • une noix, une croix, la ... .• le sang, un étang, un ... . • la teinture, la ceinture, la ... .

A RETENIR

Les terminaisons du futur de l'indicatif sont les mêmes pour tous les verbes : *-rai, -ras, -ra, -rons, -rez, -ront.*

• Les verbes réguliers terminés par *-er* ou par *-ir* gardent l'infinitif entier dans la conjugaison.

• Au futur, *pouvoir, courir, mourir, voir, envoyer* s'écrivent avec **deux r**.

avoir	être	aller
j' ai eu il a eu ils ont eu	j' ai été il a été ils ont été	je suis allé il est allé ils sont allés
pouvoir	**finir**	**faire**
j' ai pu il a pu ils ont pu	j' ai fini il a fini ils ont fini	j' ai fait il a fait ils ont fait
prendre	**mettre**	**dire**
j' ai pris il a pris ils ont pris	j' ai mis il a mis ils ont mis	j' ai dit il a dit ils ont dit
voir	**savoir**	**venir**
j' ai vu il a vu ils ont vu	j' ai su il a su ils ont su	je suis venu il est venu ils sont venus

390 **Écris les verbes suivants à la 1re personne et à la 2e personne du singulier du passé composé.**

avoir la grippe, être à Nice, aller à Lille, soumettre un dossier, pouvoir faire, finir un travail, surprendre une conversation, dire une histoire, prendre une revue, faire son lit.

Correction p. 174 Réussite : /10

391 **Écris les verbes suivants à la 3e personne du singulier et à la 1re personne du pluriel du passé composé.**

comprendre un problème, mettre une veste, dire quelque chose, refaire le travail, apprendre une leçon, venir à cheval, interdire une sortie, donner un conseil, savoir son adresse, écrire une lettre. Réussite : /10

A RETENIR

• Le passé composé d'un verbe est formé d'un auxiliaire (*avoir* ou *être*) conjugué au présent de l'indicatif et du participe passé de ce verbe.

52 verbes fondamentaux aux temps composés de l'indicatif

ÉTUDE DES RÈGLES

Temps simples		↔	Temps composés	
Présent		↔	*Passé composé*	
je fais je vais	j'ai je suis		j'ai fait je suis allé	j'ai eu j'ai été
Imparfait		↔	*Plus-que-parfait*	
je faisais j'allais	j'avais j'étais		j'avais fait j'étais allé	j'avais eu j'avais été
Futur simple		↔	*Futur antérieur*	
je ferai j'irai	j'aurai je serai		j'aurai fait je serai allé	j'aurai eu j'aurai été
Passé simple		↔	*Passé antérieur*	
je fis j'allai	j'eus je fus		j'eus fait je fus allé	j'eus eu j'eus été

392 **Voici des verbes à des temps simples. Écris-les aux temps composés correspondants. (Garde la même personne).**
Ex. : Je donn**ais** (imparfait) ; j'**avais** donné (plus-que-parfait).
il va, elle fit, je savais, il fera, on dira, il met, tu prends, nous mettrons, on comprenait, vous dites.
Correction p. 174 Réussite : /10

393 **Même consigne.**
on sait, je revoyais, on finira, je mis, elle prit, il prend, elle apprendra, je fais, elles pourront, tu remettais. Réussite : /10

394 **Écris ces verbes aux temps simples correspondants.**
Ex. : il eut donné → il donna.
elle fut venue, il avait admis, on aura su, j'aurai pu, ils auront été, je serai allé, elles avaient fini, tu avais dit, on aura mis, nous avons pris. Réussite : /10

A RETENIR

- Un *temps composé* est formé d'un auxiliaire (*avoir* ou *être*) suivi du participe passé du verbe.
- Au *passé composé*, l'auxiliaire est au *présent*. Au *plus-que-parfait*, l'auxiliaire est à l'*imparfait*. Au *passé antérieur*, l'auxiliaire est au *passé simple*. Au *futur antérieur*, l'auxiliaire est au *futur simple*.

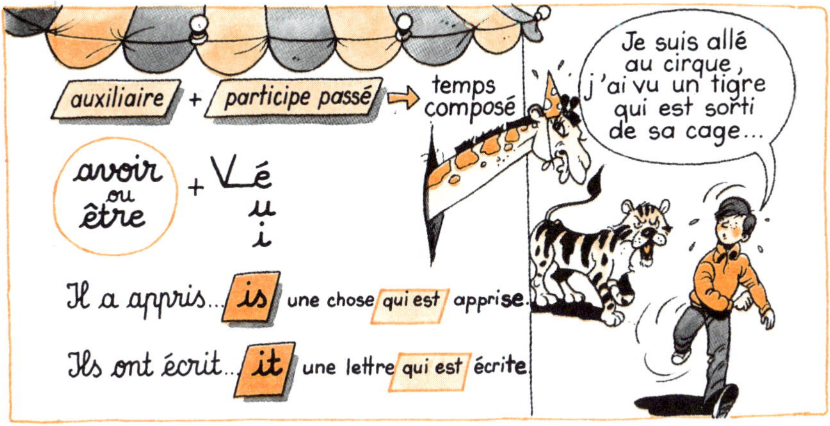

395 **Complète par** é, u **ou** i **après avoir souligné l'auxiliaire.**

Je lui ai demand... d'appeler l'infirmière. • Jean-Philippe est descend... jusqu'à la rivière. • Il n'a pas beaucoup maigr... . • Elle avait arros... toutes les fleurs du jardin. • Quand nous aurons déménag..., nous habiterons dans une grande maison. • Bébé s'est blott... contre sa mère. • Je n'ai vraiment pas p... répondre. • Elle n'a pas repos... les pots sur le rayon. • Les ombres avaient dispar... . • L'as-tu reconn... ?

Correction p. 174 Réussite : /10

396 **Complète.**

Ex. : *une* veste *qui est* mise : il a *mis* sa veste.

Une bête *qui est* prise : il a pri... une bête.
Une chose *qui est* promise : il a prom... quelque chose.
Une leçon *qui est* apprise : il a appr... sa leçon.
Une poule *qui est* cuite : on a cu... une poule.
Une rue *qui est* interdite : on a interd... cette rue.

Correction p. 178 Réussite : /10

397 **Complète par** i, is **ou** it.

On a agrand... cette photo. • Ils ne m'ont pas encore écr... . • Je crois qu'il a pr... froid. • C'est grand-mère qui a condu... . • Il est ass... au premier rang. • Elle a tradu... ce livre en allemand. • Je n'ai pas bien dorm... cette nuit. • Il n'a pas rempl... son réservoir. • On ne m'avait rien d... . • Ces étudiants ont entrepr... un long voyage.

Réussite : /10

398 **Complète les participes passés par** é, u, i, is **ou** it.

Malgré sa chute, le coureur n'a pas abandonn... . • Le village a été détru... par la guerre. • Elle avait cour... jusqu'à l'école. • Personne ne m'a rem... le livre demandé. • La radio avait interromp... ses émissions. • Le fabricant m'a garant... ce produit. • Il n'est pas ven... seul. • Où as-tu m... tes cahiers ? • Ce chemin n'est pas interd... à la circulation. • On a constru... une nouvelle école. Réussite : /10

A SAVOIR

une **masse**	**cass**er	une **missi**on
massif	une **cass**ure	un com**miss**aire
ra**mass**er	une passion	assassiner
une carc**asse**	poss**é**der	plisser
un rossignol	réussir	de la poussière
un **pass**ant	rav**issant**	

399 **Quels verbes correspondent à ces noms ?**

une réussite, une cassure, un assassinat, un pli, le ramassage.

400 **Écris les noms** A SAVOIR **qui correspondent à ces verbes.**

passer, casser, dépoussiérer, se passionner.

401 **Relève les mots** A SAVOIR **qui ont un** c **correspondant au son** *k*.

402 **Complète ces expressions par des mots** A SAVOIR.

le chant du ... . • les fruits de la ... • un ... de police. • un bijou en or ... . • envoyer quelqu'un en ... . • une ... de poulet. • avoir une ... dans l'œil.

403 **Quel mot** A SAVOIR **est synonyme de chacun de ces mots ?**

froisser, charmant, briser, tuer, avoir, récolter, promeneur.

404 **Trouve le mot** A SAVOIR **qui contient le plus de** s **; celui qui est le plus court ; celui qui est un adjectif ; celui qui est un verbe du 2e groupe à l'infinitif ; celui qui a plus de voyelles que de consonnes.**

A RETENIR

- Le participe passé des verbes en *-er* se termine par **-é**.
- Le participe passé des autres verbes se termine par **-u,** par **-i,** par **-is** ou par **-it.**
- Pour savoir si le participe passé d'un verbe se termine par **-i,** par **-is** ou par **-it,** on le met dans une expression au féminin. Un participe passé en **-is** ou en **-it** fait entendre un féminin en **-ise** ou en **-ite.**

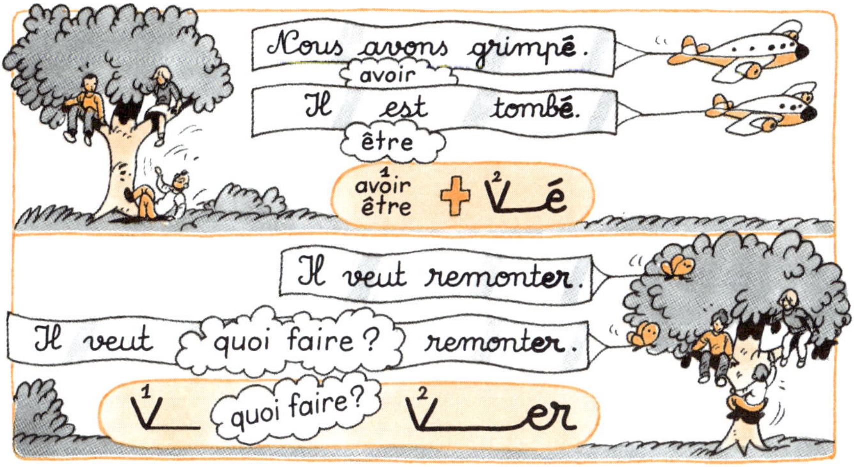

405 **Trace toutes les flèches possibles pour obtenir des phrases correctes.**

Il commence à Elle est en train de Nous avons Ils ont Je suis	mangé des frites. manger des frites resté à Nice.

Correction p. 174 Réussite : /10

406 **Complète les verbes suivants par** é **ou** er.

Mon train électrique a encore déraill... . • La radio n'a pas annonc... la nouvelle. • Arthur semblait hésit... . • Il s'est tout mouill... . • Je n'ai rien à déclar... . • Les gendarmes n'avaient pas l'air de plaisant... . • Mes sœurs n'ont pas céd... . • Comment avez-vous compos... le menu ? • Il faut enroul... la corde. • Je n'aime pas pel... les pêches.

Correction p. 178 Réussite : /10

407 **Même consigne.**

Cette histoire va vous étonn... . • Ils l'ont vu travers... en courant. • Il s'est adress... au Syndicat d'Initiative. • Son pneu avant n'est pas assez gonfl... . • Pour commenc..., il faut les prévenir. • Le bois est expos... au soleil. • Il n'a pas résist... . • Elle voulait leur montr... la mer. • N'oubliez pas de vous lav... ! • Nous n'avons pas assist... au match.

Réussite : /10

408 **Termine chacune des phrases suivantes en utilisant un verbe du 1er groupe** (-er) **de ton choix.**

Il ne voulait pas ... *quoi faire* ? • Elle ne sait pas ... *quoi faire* ? • Il peut ... *quoi faire* ? • Personne n'osait ... *quoi faire* ? • On se mit à ... *quoi faire* ? • Il devait ... *quoi faire* ? • Vous n'allez pas ... *quoi faire* ? • Il est venu ... *quoi faire* ? • J'ai envie de ... *quoi faire* ? • Il ne faut pas ... *quoi faire* ?

Réussite : /10

A SAVOIR

un **électric**ien
l' électrici**té**
social
la soci**été**
la moi**tié**
l' ami**tié**

supér**ieur**
la supér**ior**ité
la sécuri**té**
la véri**té**
la solidi**té**
une nouv**eau**té
la curiosité

majesté
majestu**eux**
fier
la fier**té**
fi**è**rement
la captivi**té**

409 **Écris tous les noms féminins figurant dans la liste ci-dessus.**

410 **Quel nom en** -té **correspond à chacun de ces adjectifs ?**
nouveau, fier, captif, curieux, supérieur, solide.

411 **Complète par des mots** A SAVOIR.
Attache ta ceinture de ... . • La ... sort de la bouche des enfants. • Il y aura une coupure d'... demain. • J'ai admiré la ... de ces ruines. • Elle est très ... de ce qu'elle fait. • 15 est un nombre ... à 12. • J'aime beaucoup les jeux de ... . • Ils ont été libérés après une ... de quatre ans. • On dit parfois que la ... est un vilain défaut. • Ce pont est d'une ... à toute épreuve.

412 **Quels adverbes en** -ment **peux-tu écrire à partir de ces adjectifs ?**
fier, social, solide, curieux, majestueux.

A RETENIR

- Le verbe terminé par **-é** est au *participe passé.* Il est conjugué avec l'auxiliaire *avoir* ou avec l'auxiliaire *être.* Il peut aussi être seul, employé comme un adjectif.
- Le verbe terminé par **-er** est à l'*infinitif.* Il indique une action.

participe passé en -é / infinitif en -er / imparfait 55

ÉTUDE DES RÈGLES

413 **Complète par** é, er, ais, ait **ou** aient.

Comme il l'avait décid…, il s'est arrêt… pour mang… près d'un petit lac. • L'air entr… par la fenêtre. • Nous avons couru pour la regard… partir. • Je déteste tricot… . • Son pied avait gliss… et il était tomb… . • Des cousins de maman lui offr… du travail. • Il avait fallu le déplac… .

Correction p. 175 Réussite : /10

414 **Même consigne.**

Ils n'ont pas voulu pos… leur sac. • Un sourire flott… sur son visage. • Il a été oblig… de s'arrêt… pour enfil… ses gants. • Le vent murmur… dans les arbres de l'avenue. • Nous lui avons cri… quelques mots d'excuse. • Dorm…-tu quand la terre a trembl… ? • Je suis heureuse de te rencontr… .

Réussite : /10

415 **Complète par** é, er, ais, ait **ou** aient.

Il écout… les oiseaux. • Sais-tu saut… à la corde ?. • Le magasin n'est pas ferm… . • Il n'os… pas approch… . • Il faut lui parl… . • Je n'ai pas termin… . • On patient… en attendant qu'il soit coiff… . • On a tu… un rat.

Réussite : /10

A RETENIR

- Le verbe terminé par **-er** est à l'*infinitif*. Il indique une action.
- **-ais, -ait** ou **-aient** sont des terminaisons de l'*imparfait*.
- Le verbe terminé par **-é** est au *participe passé*.

56 verbes fondamentaux à l'impératif présent

ÉTUDE DES RÈGLES

avoir	être	faire
aie ayons ayez	sois soyons soyez	fais faisons faites
aller	**voir**	**venir**
va allons allez	vois voyons voyez	viens venons venez
prendre	**mettre**	**courir**
prends prenons prenez	mets mettons mettez	cours courons courez
cueillir	**offrir**	**donner**
cueille cueillons cueillez	offre offrons offrez	donne donnons donnez

416 **Écris les verbes à la 2e personne du singulier de l'impératif.**
Remettez votre manteau ; dites bonjour ; refaites l'exercice ; revoyez vos leçons ; venez me voir ; accueillez-les gentiment ; offrez des fleurs ; comprenez-moi ; pardonnez ce mensonge ; allez dans la cour. Correction p. 175 Réussite : /10

417 **Écris les verbes suivants aux trois personnes de l'impératif présent.**
apprendre, redire, parcourir, voir, tenir, se souvenir, admettre, être, recueillir, défaire. Réussite : /10

418 **Même consigne.**
prévoir, retenir, faire, avoir, accourir, permettre, devenir, redonner, cueillir, reprendre. Réussite : /10

419 **Écris les verbes suivants à la 2e personne du singulier et à la 2e personne du pluriel de l'impératif.**

rire, avertir, chanter, finir, choisir, effacer, partir, arriver, sortir, colorier. Correction p. 175 Réussite : /10

420 **Complète les verbes par la terminaison de l'impératif, à la 2e personne du singulier.**

Ne cour… pas si vite ! • Atten…-moi. • Arrêt… de crier. • Tien…-toi tranquille. • Dor… et fai… de beaux rêves. • Ne pleur… pas. • Ne boi… pas de l'eau glacée. • Montr…-toi. • Sen… cette fleur. Correction p. 178 Réussite : /10

421 **Même consigne.**

Revien… ici. • Commenc… sans moi. • Ren…-toi ou je tire ! • Ne parl… pas si fort. • Promet…-moi de venir. • Ne per… pas ton temps. • Pren… le volant et condui… ! • Écri… à ton oncle. • Croi…-moi si tu veux. Réussite : /10

A RETENIR

L'impératif présent a seulement trois personnes : la 2e personne du singulier, la 1re et la 2e personne du pluriel.

A SAVOIR

une lance	une trace	obéiss**ant**
lanc**er**	trac**er**	l' obéiss**ance**
confi**er**	une r**ace**	une délivr**ance**
la confi**ance**	une pré**face**	les vac**ances**
l' abond**ance**	**céder**	un béné**fice**
la naiss**ance**	de l'**acier**	

422 **Quels noms correspondent à ces verbes ?**
obéir, tracer, lancer, naître, préfacer, confier, abonder.

423 **Complète par des mots** A SAVOIR.
Elle n'aime pas se ... à lui. • Le commissaire est sur les ... du coupable. • Elle avait un moral d'... . • On a acheté un chien de ... . • Il est chargé de ... le plan de la maison sur le sol. • La force du vent l'obligeait à ... du terrain.

424 **Quel mot** A SAVOIR **est synonyme de chacun de ces mots ?**
1. Les congés. • 2. Une introduction. • 3. Accepter. • 4. Un javelot. • 5. L'espèce. • 6. Un soulagement. • 7. Discipliné.

425 **Quels mots** A SAVOIR **expriment le contraire de ces mots ?**
1. Polisson. • 2. La mort. • 3. La méfiance. • 4. Une perte. • 5. La rareté.

A SAVOIR

satisf**ait**	un **électeur**	compliqu**er**
la satisf**action**	des **élections**	une complic**ation**
un tract**eur**	traduire	cré**er**
la tr**action**	une tradu**ction**	la cré**ation**
la nat**ation**	une articul**ation**	l' émotion
	la fabric**ation**	une int**ention**

426 **Quels verbes correspondent à ces noms ?**
la création, une complication, une traduction, une articulation.

427 **Quels noms en** -tion **peut-on écrire à partir de ces verbes ?**
compliquer, fabriquer, articuler, créer, satisfaire, élire.

428 **Complète par des mots** A SAVOIR.
Ses ... peuvent être bonnes ou mauvaises. • La peur, le chagrin, la colère sont des ... . • Un professeur est ... quand ses élèves réussissent. • La ... est un sport.

429 **Comment appelle-t-on ?** 1. Celui qui vote. • 2. Celui qui crée quelque chose. • 3. Celui qui nage. • 4. Celui qui traduit un texte. • 5. La machine qui tire une remorque.

430 **Relie chaque début de phrase aux verbes qui conviennent, puis écris la phrase obtenue.**

Ex. : Elle voulait + regarder ⟶ Elle voulait regarder.

Elle voulait	préparé	Il crie pour	somnolez
Il n'était pas	regarder	On aurait voulu	appeler
Son frère	dessiner	Tu es	gagner
Je ne l'ai pas	tremblait	Vous	entraîné

Correction p. 175 Réussite : /10

431 **Complète par** é, er, ez, ais, ait **ou** aient.

Tu ne peux pas m'oblig... à partir. • J'espère qu'ils auront réserv... une chambre à l'hôtel. • Si vous m'aid..., je pourrai ouvrir cette porte. • Elle murmur... qu'ils étaient gentils. • Je ne veux plus entendre parl... de cette chèvre. Elle a toujours eu du foin à grignot... . • Très étonn..., papa s'était pench... vers le berceau. • Ils termin... toujours en retard. • Avez-vous gagn... quelque chose à la loterie ?

Correction p. 179 Réussite : /10

432 **Même consigne.**

Stéphane et Philippe port... deux chemises semblables. • Le film termin..., maman a ferm... le poste et tout le monde est all... se couch... . • Rus... comme un renard, il parven... toujours à s'échapp... . • Le vent était maintenant tomb... . • Prêt...-moi ce livre.

Réussite : /10

433 **Complète par** é, er, ez, ais, ait **ou** aient.

Je crois qu'on roul... trop vite. • Après avoir regard... le billet, elle l'a déchir... . • Baiss...-vous et pass... sous la barrière. • Retrouv... à huit heures, il avait de nouveau disparu à neuf. • Le colis qu'elle port... sembl... très lourd. • On a aid... cette vieille femme à travers... la rue. Réussite : /10

A SAVOIR

une coqui**ll**e	une ban**qu**e	**indiqu**er
un coqui**ll**age	un ban**quier**	**expliqu**er
le**quel**	un **k**iosque	quelquefois
la**quelle**	un casque	**quelqu**'un
les**quels**	**risqu**er	qu' **est-ce** que c'est ?
les**quelles**	un **risque**	qui **est-ce** qui ?
au**quel**	**trag**ique	**est-ce** que ?

434 **Trouve un nom de la famille de chacun de ces mots.**
banque, risquer, casquette, coquille, tragédie.

435 **Relève les mots** A SAVOIR **qui contiennent deux fois le son** *k*. **Écris-les par ordre alphabétique.**

436 **Comment commenceraient les questions qui auraient les réponses ci-dessous ? Choisis entre :**
« qu'est-ce que c'est ? », « qui est-ce qui ? » **et** « est-ce que ? ».
1. Oui, tout à l'heure. • 2. C'est un disque. • 3. Non, je n'y tiens pas. • 4. Mes parents. • 5. Ma sœur.

437 « ... voulez-vous ? » **Complète cette phrase par** lequel, laquelle, lesquels **ou** lesquelles **d'après les réponses suivantes.**
Ex. : La petite → **Laquelle** voulez-vous ?
1. Les vertes. • 2. Les grands. • 3. Le plus gros. • 4. Les tout petits. • 5. Les grosses. • 6. La plus fine. • 7. Celui qui est noir. • 8. La plus belle. • 9. La noire. • 10. Les bleus.

A RETENIR

Ces terminaisons se ressemblent à l'oral, mais n'ont pas le même sens :
- **-é** indique un participe passé. Celui-ci peut être conjugué avec *avoir* ou *être*, ou bien employé seul comme un adjectif.
- **-er** marque l'infinitif des verbes du 1er groupe et du verbe *aller*.
- **-ais, -ait** ou **-aient** sont des terminaisons de l'imparfait de l'indicatif.
- **-ez** marque la deuxième personne du pluriel.

verbes fondamentaux au passé simple de l'indicatif

avoir	être	faire
j' eus tu eus il eut nous eûmes vous eûtes ils eurent	je fus tu fus il fut nous fûmes vous fûtes ils furent	je fis tu fis il fit nous fîmes vous fîtes ils firent
craindre	**vouloir**	**aller**
je craignis tu craignis il craignit nous craignîmes vous craignîtes ils craignirent	je voulus tu voulus il voulut nous voulûmes vous voulûtes ils voulurent	j' allai tu allas il alla nous allâmes vous allâtes ils allèrent
voir	**savoir**	**venir**
je vis tu vis il vit nous vîmes vous vîtes ils virent	je sus tu sus il sut nous sûmes vous sûtes ils surent	je vins tu vins il vint nous vînmes vous vîntes ils vinrent
prendre	**devoir**	**lire**
je pris tu pris il prit nous prîmes vous prîtes ils prirent	je dus tu dus il dut nous dûmes vous dûtes ils durent	je lus tu lus il lut nous lûmes vous lûtes ils lurent

438 **Écris les verbes suivants à la 1re et à la 3e personne du singulier du passé simple.**

revenir, avoir, vouloir, refaire, aller, se plaindre, apprendre, devoir, lire, revoir.

Correction p. 175 Réussite : /10

439 **Écris les verbes suivants à la 1re et à la 3e personne du pluriel du passé simple.**

comprendre, savoir, peindre, entrevoir, être, soutenir, relire, faire, surprendre, venir.

Réussite : /10

60 passé simple de l'indicatif
Étude des Règles

C'était autrefois. Tout à coup...

	-er	-ir -oir -re		tenir venir et leurs composés
je	-ai	-is	-us	-ins
tu	-as	-is	-us	-ins
il	-a	-it	-ut	-int
nous	-âmes	-îmes	-ûmes	-înmes
vous	-âtes	-îtes	-ûtes	-întes
ils	-èrent	-irent	-urent	-inrent

440 **Écris les verbes suivants à la 1re et à la 3e personne du singulier du passé simple.**

arriver, mettre, se souvenir, offrir, passer, produire, sortir, chercher, courir, écrire. Correction p. 175 Réussite : /10

441 **Écris les verbes entre parenthèses au passé simple.**

A l'instant où j'(*allumer*) ma lampe, la porte (*s'ouvrir*). • Ils (*entrer*) dans un magasin. • Je (*quitter*) la route, je (*tourner*) sur la droite et je (*prendre*) à travers champs. • Le pilote (*obtenir*) enfin l'autorisation d'atterrir. • Je (*dégager*) mon bras et je me (*défendre*) si bien que je (*réussir*) à lui échapper.

Correction p. 179 Réussite : /10

442 **Même consigne.**

Je (*traverser*) la cour et me (*cacher*) près du portail. • Il (*courir*) jusqu'à la voiture, (*s'installer*) au volant et (*démarrer*) à toute allure. • Il (*entendre*) un bruit bizarre et (*voir*) tout à coup deux fantômes qui semblaient danser dans le couloir. Il (*regagner*) la chambre et (*fermer*) la porte à double tour, mais il ne (*pouvoir*) dormir de la nuit. Correction p. 180 Réussite : /10

443 **Écris les verbes suivants à la 3e personne du singulier et à la 3e personne du pluriel du passé simple.**

dire, surprendre, donner, défaire, partir, attendre, trouver, recevoir, ouvrir, chanter. Réussite : /10

444 **Écris les verbes entre parenthèses au passé simple.**

Elle (*entrer*), le (*prendre*) dans ses bras et (*s'asseoir*) avec lui pour jouer. • Elle (*venir*) à son secours. • Il (*poursuivre*) sa route sans se presser. • J'(*enlever*) mes bottes et (*quitter*) mon imperméable. • Quand ils (*comprendre*) ce qui arrivait, ils (*se sauver*). • Les sirènes (*retentir*) toutes en même temps.

Réussite : /10

445 **Même consigne.**

Ils nous (*souhaiter*) une bonne année. • Elle me (*permettre*) de l'accompagner. • Il (*faire*) un écart. • Il (*être*) content quand il (*apercevoir*) ses amis. • Elle (*croire*) qu'il se moquait d'elle et (*rougir*). • Je (*relever*) le bord de la feuille puis le (*coller*) sur le support de carton. • Ils (*pousser*) un soupir.

Réussite : /10

A SAVOIR

cert**ain**	**vaincre**	**craindre**
cert**ain**ement	**vaincu**	la crainte
loint**ain**	un écriv**ain**	une ba**gu**ette
m**ain**tenant	un cop**ain**	du mu**gu**et
ainsi	un n**ain**	
guère	gonfler	une ci**g**ale
	joindre	une caté**g**orie

446 **Dans la liste ci-dessus, relève les mots qui ont le son *g*. Écris-les en deux groupes suivant que ce son est écrit g ou gu.**

447 **Écris le masculin de :** lointaine, certaine, copine, naine.

448 **Quels verbes correspondent aux noms suivants ?**

la crainte, le vaincu, un gonfleur, un joint, un écrivain.

449 **Dans les mots** A SAVOIR**, trouve le nom d'une fleur, le nom d'un insecte, les noms de personnes.**

450 **Quel mot** A SAVOIR **est synonyme de chacun de ces mots ?**

1. La peur. • 2. De cette façon. • 3. Gagner. • 4. Redouter. • 5. En ce moment. • 6. Un auteur. • 7. Éloigné. • 8. Sûr. • 9. Peu. • 10. Sûrement.

451 **Complète par des mots** A SAVOIR.

La fée a une ... magique. • Elle ne va ... mieux. • Je lui ai offert un brin de ... . • Avez-vous vu le film Blanche-Neige et les sept ... ? • Ils sont classés en trois ... .

A RETENIR

Les terminaisons du passé simple de l'indicatif.

61 temps simples / temps composés de l'indicatif

ÉTUDE DES RÈGLES

452 **Écris les phrases suivantes à la forme interrogative après avoir souligné l'auxiliaire.**

Ex. : Elle a pris : a-t-elle pris ?

Il a mis : a-t-il m… ? • Tu as fini : as-tu fin… ? • Vous avez couru : … … … ? • Ils ont entendu : … … … ? • Elle a ri : … … … ? • Vous avez marché : … … … ? • Tu as acheté : … … … ? • Elle a bu : … … … ? • Vous avez chanté : … … … ? • Elle a réussi : … … … ?

Correction p. 175 Réussite : /10

453 **Complète par** i, is, it, u **ou** ut.

Ex. : il voul**ut** ; il a voul**u** sortir.

Il pr… ; il a pr… sa main. • Je sour… ; j'ai sour… à ma mère. • Il défend… ; il a défend… son territoire. • Elle v… ; elle a v… la Grande Ourse. • Je part… ; je suis part… avant.

Correction p. 179 Réussite : /10

454 **Classe les verbes en deux groupes suivant qu'ils sont conjugués à un temps simple ou à un temps composé.**

Elle répondit à voix basse. • J'ai vécu tout près d'ici. • Elle me rendit service. • Il vécut heureux. • Tu reçus un cadeau. • Ma mère a fini de laver la voiture. • As-tu reçu ma lettre ? • La secrétaire finit son travail. • On a répondu oui. • Ma voisine m'a rendu service.

Réussite : /10

455 **Complète par** i, is, it, u **ou** ut.

Elle a s... le faire. • Il s'ass... sur le tabouret. • Elle s... le faire. • Elle a repr... son travail. • Il me suiv... . • Il repr... connaissance. • Il part... de bon matin. • Il a suiv... la course. • Il s'est ass... et m'a attendue. • Est-il part... tard ?

Réussite : /10

456 **Même consigne.**

A-t-elle serv... le poulet ? • Il me cr... sur parole. • L'enfant aperç... le chien. • Il a bien compr... ce que tu disais. • Il vend... sa voiture hier. • Il ne m'a pas cr... . • Il serv... le dessert. • Est-ce qu'il compr... ton explication ? • Il a déjà vend... sa voiture. • On a aperç... de la fumée.

Réussite : /10

A SAVOIR

assister	résist**er**	saisir
un **assist**ant	résist**ant**	sais**issant**
occuper	un **lieu**tenant	odor**ant**
un **occup**ant	aut**ant**	une **lan**terne
un cadr**an**	au-devant de	ébran**l**er
un volc**an**	anc**ien**	un **géant**
un can**ton**		

457 **Quels verbes correspondent à :** la résistance, une saisie, une occupation, un assistant, un ébranlement ?

458 **Quels mots** A SAVOIR **reconnais-tu dans :** le volcanisme, anciennement, un cantonnier, se ressaisir, maladorant ?

459 **Quels mots** A SAVOIR **correspondent à ces définitions ?**

1. Faire trembler. • 2. Grade militaire. • 3. Partie d'une horloge ou d'une montre. • 4. Vieux. • 5. A la rencontre de. • 6. Solide. • 7. Groupe de communes.

460 **Complète par des mots** A SAVOIR.

Gargantua est un ... . • Le dernier de la course est la ... rouge. • Il ne travaille pas ... que moi. • Ils sont allés ... lui. • Leur ressemblance est ... .

A RETENIR

- Un verbe conjugué à un temps simple porte toujours une terminaison de la conjugaison.
- Un verbe conjugué à un temps composé est au participe passé. C'est l'auxiliaire *avoir* ou *être* qui a les marques de la conjugaison.

62 verbes en -eler, -eter

ÉTUDE DES RÈGLES

	appeler	jeter	acheter	geler
présent	j'appe**lle** nous appelons ils appe**ll**ent	je je**tt**e nous jetons ils je**tt**ent	j'ach**è**te nous achetons ils ach**è**tent	il g**è**le nous gelons ils g**è**lent
imparfait	j'appelais	je jetais	j'achetais	il gelait
passé simple	j'appelai	je jetai	j'achetai	il gela
futur	j'appe**ll**erai	je je**tt**erai	j'ach**è**terai	il g**è**lera
passé composé	j'ai appelé	j'ai jeté	j'ai acheté	il a gelé
impératif	appe**ll**e appelons	je**tt**e jetons	ach**è**te achetons	g**è**le gelons

Se conjuguent comme *appeler* et *jeter* : amonceler, décacheter, épeler, étinceler, feuilleter, projeter, rappeler, rejeter, ruisseler... .
Se conjuguent comme *geler* : dégeler, congeler, surgeler, peler... .

461 **Écris les verbes suivants à la 1re personne du singulier et à la 1re personne du pluriel du présent de l'indicatif.**
appeler, ruisseler, jeter, étinceler, surgeler, peler, feuilleter, racheter, geler, projeter. Correction p. 175 Réussite : /10

462 **Écris les verbes de l'exercice 461 à la 3e personne du singulier de l'imparfait et du futur.** Correction p. 179 Réussite : /10

463 **Écris les verbes suivants à la 3e personne du pluriel du passé composé et à la 2e personne du singulier de l'impératif présent.**
rappeler, acheter, décacheter, jeter, dégeler, congeler, épeler, rejeter, déceler, amonceler. Réussite : /10

464 **Écris les verbes de l'exercice 463 à la 3e personne du singulier du présent de l'indicatif et du passé simple.**
Réussite : /10

A RETENIR

La conjugaison des verbes *appeler, jeter, acheter* et *geler.*

	balayer	**nettoyer**	**essuyer**
présent de l'indicatif	je balaie (ou je balaye) nous balayons ils balaient (ou ils balayent)	je nettoie nous nettoyons ils nettoient	j'essuie nous essuyons ils essuient
imparfait	je balayais	je nettoyais	j'essuyais
futur	je balaierai (ou je balayerai)	je nettoierai	j'essuierai
passé composé	j'ai balayé	j'ai nettoyé	j'ai essuyé
impératif	balaie (ou balaye) balayons	nettoie nettoyons	essuie essuyons

465 **Écris les verbes suivants à la 3e personne du singulier et à la 1re personne du pluriel du présent de l'indicatif.**

payer, nettoyer, essuyer, employer, renvoyer, essayer, appuyer, balayer, s'ennuyer, rayer.

Correction p. 175 Réussite : /10

466 **Écris les verbes de l'exercice 465 à la 1re personne du singulier de l'imparfait et du futur.** Correction p. 179 Réussite : /10

467 **Écris les verbes suivants à la 3e personne du pluriel du présent de l'indicatif et du passé composé.**

débrayer, bégayer, délayer, aboyer, broyer, déblayer, se noyer, tournoyer, effrayer, convoyer. Réussite : /10

468 **Écris les verbes de l'exercice 467 à la 2e personne du singulier et à la 2e personne du pluriel de l'impératif présent.**

Réussite : /10

A RETENIR

La conjugaison des verbes *balayer, nettoyer* et *essuyer.*

64 verbes en -cer, -ger, -guer, -quer

ÉTUDE DES RÈGLES

	lan**cer**	na**ger**	conju**guer** mar**quer**
présent de l'indicatif	je lance nous lançons ils lancent	je nage nous nageons ils nagent	je conjugue je marque nous conjuguons nous marquons ils conjuguent ils marquent
imparfait	je lançais nous lancions	je nageais nous nagions	je conjuguais je marquais nous conjuguions nous marquions
passé simple	je lançai il lança ils lancèrent	je nageai il nagea ils nagèrent	je conjuguai je marquai
futur	je lancerai	je nagerai	je conjuguerai je marquerai
passé composé	j' ai lancé	j' ai nagé	j' ai conjugué j' ai marqué
impératif présent	lance lançons	nage nageons	conjugue marque conjuguons marquons

469 **Écris les verbes suivants à la 1re personne du singulier et à la 1re personne du pluriel du présent de l'indicatif.**

lancer, naviguer, interroger, appliquer, placer, expliquer, conjuguer, annoncer, remarquer, nager.

Correction p. 175 Réussite : /10

470 **Écris les verbes suivants à la 3e personne du pluriel de l'imparfait et du passé simple.**

voyager, distinguer, effacer, fabriquer, se fatiguer, provoquer, ranger, avancer, attaquer, se moquer. Réussite : /10

A RETENIR

La conjugaison des verbes *lancer, nager, conjuguer* et *marquer.*

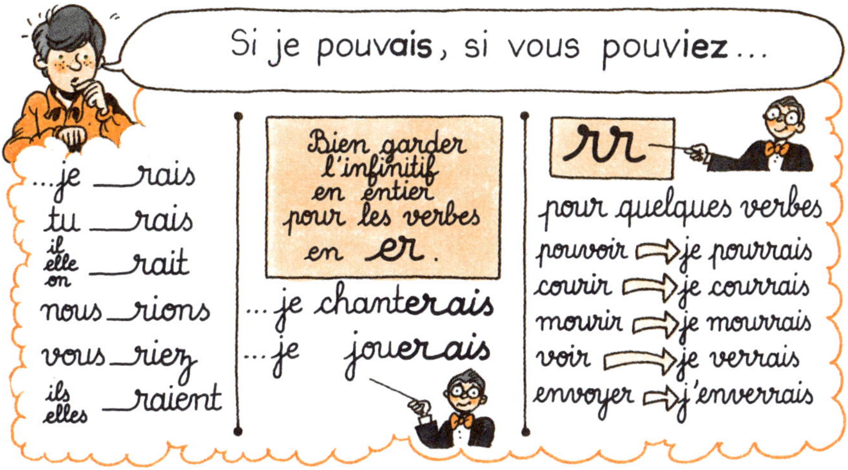

471 **Écris les verbes suivants à la 1re et à la 3e personne du singulier du conditionnel présent :**

Si je pouvais, je …, il … .
courir sur la lune, téléphoner en Amérique, se marier, voir, continuer, sortir, devoir, envoyer, secouer, jouer.

Correction p. 176 Réussite : /10

472 **Même consigne.**

distribuer, parcourir, ouvrir, regarder, remercier, revoir, trouver, avouer, monter, étudier. Correction p. 179 Réussite : /10

473 **Complète au conditionnel présent.**

Si je pouvais, je t'autoris… à partir. • Si tu cirais tes meubles, ils brill… davantage. • Si tu étais grand, tu te débrouill… seul. • Si on partait immédiatement, on pourr… arriver les premiers. • Si tu gonflais ton ballon, il rebond… mieux. • Si vous m'indiquiez le chemin, je ne me perd… pas. • Si elle voulait, on la nomm… à ce poste. • Si vous le permettiez, je vous photographi… . • S'il travaillait plus, il réuss… mieux. • Si tu n'étais pas timide, tu leur signal… ce défaut.

Correction p. 180 Réussite : /10

474 **Même consigne.**

Si je ne prenais pas de l'essence tout de suite, on tomb… en panne. • Si j'étais le patron, je t'accord… une augmentation. • Si bébé pleurait, je le berc… . • Si tu étais patient, tu m'écout… jusqu'au bout. • Si je savais le faire, je t'expliqu… .

• Si elle gagnait, on la félicit... . • Si c'était l'automne, les jours diminu... . • Si on avait le temps, on tri... ces papiers. • Si la colle ne tenait pas, je clou... les planches. • Si tu m'appelais, j'accour... immédiatement. Réussite : /10

A SAVOIR

poster	con**serv**er	**vals**er
un **post**ier	une **conserve**	une **valse**
une récom**pense**	le cri**st**al	per**s**uader
penser	un indust**riel**	con**sacr**er
pensif	un **obst**acle	estimer
verser	s' **abst**enir	
mon**sieur**	**abs**orber	la **persp**ective

475 **Quels verbes** A SAVOIR **correspondent à ces noms ?**
une valse, la poste, une estimation, un versement, une pensée, une abstention, une conserve.

476 **Relève les mots** A SAVOIR **dans lesquels on trouve une consonne suivie d'un** s. **Souligne ce groupe** consonne + s.

477 **Quels mots** A SAVOIR **sont de la famille des mots suivants ?**
renverser, tenir, poste, penseur, sacre, industrie.

478 **Écris le mot** A SAVOIR **qui contient** deux b **; celui qui contient** deux p **; celui qui ne s'écrit pas comme il se prononce.**

479 **Remplace les mots ou expressions en italique par les mots** A SAVOIR **qui conviennent.**
Elle a réussi à le *convaincre.* • Il était heureux à *l'idée* de quitter la ville. • Elle a promis *une forte somme d'argent* à qui retrouverait sa bague. • Un buvard *laisse pénétrer et retient* l'encre. • Il veut *refuser de voter* au second tour. • Leur projet se heurte à des *difficultés* insurmontables.

A RETENIR

Les terminaisons du conditionnel présent sont les mêmes pour tous les verbes : *-rais, -rais, -rait, -rions, -riez, -raient.*
• Les verbes réguliers terminés par *-er* ou par *-ir* gardent l'infinitif entier dans la conjugaison.
• Au conditionnel présent, *pouvoir, courir, mourir, voir, envoyer* s'écrivent avec **deux r**.

être		avoir		faire	
que je	sois	que j'	aie	que je	fasse
que tu	sois	que tu	aies	que tu	fasses
qu'il	soit	qu'il	ait	qu'il	fasse
que nous	soyons	que nous	ayons	que nous	fassions
que vous	soyez	que vous	ayez	que vous	fassiez
qu'ils	soient	qu'ils	aient	qu'ils	fassent
pouvoir		**vouloir**		**aller**	
que je	puisse	que je	veuille	que	j'aille
que tu	puisses	que tu	veuilles	que tu	ailles
qu'il	puisse	qu'il	veuille	qu'il	aille
que nous	puissions	que nous	voulions	que nous	allions
que vous	puissiez	que vous	vouliez	que vous	alliez
qu'ils	puissent	qu'ils	veuillent	qu'ils	aillent
voir		**courir**		**savoir**	
que je	voie	que je	coure	que je	sache
que tu	voies	que tu	coures	que tu	saches
qu'il	voie	qu'il	coure	qu'il	sache
que nous	voyions	que nous	courions	que nous	sachions
que vous	voyiez	que vous	couriez	que vous	sachiez
qu'ils	voient	qu'ils	courent	qu'ils	sachent
prendre		**venir**		**mettre**	
que je	prenne	que je	vienne	que je	mette
que tu	prennes	que tu	viennes	que tu	mettes
qu'il	prenne	qu'il	vienne	qu'il	mette
que nous	prenions	que nous	venions	que nous	mettions
que vous	preniez	que vous	veniez	que vous	mettiez
qu'ils	prennent	qu'ils	viennent	qu'ils	mettent

480 **Écris les verbes suivants à la 1re personne du singulier et à la 1re personne du pluriel du subjonctif présent.**

Il faut que je ..., *que* nous ... : refaire, prendre, aller, être, savoir, voir, venir, permettre, prévenir, courir.

Correction p. 176 Réussite : /10

481 **Même consigne.**

avoir, pouvoir, vouloir, tenir, faire, comprendre, revoir, remettre, revenir, apprendre.

Réussite : /10

67 subjonctif présent

ÉTUDE DES RÈGLES

482 **Écris les verbes suivants à la 1re personne du singulier et à la 1re personne du pluriel du subjonctif présent.**

Il faut que je …, *que* nous … : perdre, suivre, remplir, défaire, surprendre, sortir, vivre, cueillir, écrire, descendre.

Correction p. 176 Réussite : /10

483 **Complète au subjonctif présent, en utilisant le verbe en italique.**

Vous *avez* du courage. Il faut que vous … du courage. • Ces chemins *sont* dangereux. Je crains que ces chemins ne … dangereux. • Il ne *répond* pas. Il faut qu'il … . • Elle y *va*. Il ne faut pas qu'elle y … . • Il *attend* son tour. Il est indispensable qu'il … son tour. • Le loup *défend* son territoire. Il est nécessaire qu'il … son territoire. • Il ne *pleut* pas. Je voudrais qu'il … . • Il veut *atteindre* l'île. Je souhaite qu'il l'… . • Il *se bat* souvent. Je crains qu'ils ne se … . • Il *lit* tous les soirs. Il faut que tu … beaucoup.

Correction p. 179 Réussite : /10

484 **Même consigne.**

Vous ne *dormez* pas. Je crains que vous ne … pas. • Il *veut* partir. On doute qu'il … partir. • *Comprenez*-vous ? Il est nécessaire que vous … . • Vous *franchissez* la ligne d'arrivée. On voudrait que vous … la ligne d'arrivée. • Vous *gagnez* chaque fois ! On souhaite tous que vous … . • Elle *s'enfuit*. Tiens-la bien, qu'elle ne … pas. • *Abstiens-toi* de fumer. Il faut que tu … de fumer. • On *traduit* le texte. Il veut qu'on … le texte. • Nous *réussirons*. Il est possible que nous … . • Il ne *se nourrit* que de frites. On craint qu'il ne … mal. Réussite : /10

485 **Écris les verbes en italique au subjonctif présent ou à l'indicatif présent, suivant le sens.**

Ex. : Je veux que tu *(répondre)* → Je veux que tu *répondes.*

Mes parents souhaitent que nous (*préparer*) le concours. • Il faut que tu (*repartir*). • Est-ce que tu (*conduire*) la voiture ? • Il faut qu'on (*parcourir*) cinq cents kilomètres demain. • Il est nécessaire qu'on (*construire*) un pont. • Je suis certain que tu (*accomplir*) une bonne action. • Il faut que tu (*écrire*) une longue lettre à ta grand-mère. • Il me semble que nous nous y (*adapter*) bien. • Maman voudrait que vous (*laver*) la vaisselle. • On est sûr qu'il (*commettre*) une erreur.

Réussite : /10

A SAVOIR

accuser	le n**ô**tre	la **grève**
un **accusé**	les n**ô**tres	du **grès**
une bal**ei**ne	distin**guer**	la **vision**
une v**ei**ne	une **œ**uvre	la lumi**ère**
pl**ein**	un conduct**eur**	lumin**eux**
un fr**ein**	le matér**iel**	affectu**eux**
eux-mêmes	un e**ff**ort	affr**eux**

486 **Quels noms correspondent à ces verbes ?**

conduire, accuser, freiner, s'efforcer, visionner.

487 **Relève tous les mots** A SAVOIR **contenant** e **suivi d'une voyelle. Écris-les en deux groupes selon que la voyelle suivant le** e **est un** i **ou un** u **.**

488 **Parmi les mots** A SAVOIR**, trouve les noms désignant :**

1. Un mammifère. • 2. Un élément du corps humain. • 3. Une partie indispensable d'une voiture. • 4. Une personne. • 5. Une roche ou une terre dont on fait des poteries.

489 **Remplace les mots ou expressions en italique par les mots** A SAVOIR **qui conviennent.**

Ce sont les billets, mais je ne trouve pas *ceux qui sont pour nous.* • Il rangea son *équipement* de pêche. • Le service est perturbé à cause d'*un arrêt de travail* du personnel. • On ne pouvait pas les *voir* sans lumière. • Elle a fait un cauchemar *terrible.*

A RETENIR

• Le subjonctif exprime une action pensée, envisagée.

• Au subjonctif présent, les terminaisons sont les mêmes pour tous les verbes : *-e, -es, -e, -ions, -iez, -ent* (sauf *avoir* et *être* : voir p. 131).

Transfert

Exercices de révisions

• Les exercices de révisions sont regroupés en **dix fiches** indépendantes. Chaque exercice est accompagné du numéro des règles révisées.

• Les fiches non corrigées pourront servir pour les contrôles et pour l'évaluation. Les indications de barème figurent au début des corrections (page 182).

• **Textes à compléter**. Lire entièrement le texte avant de commencer à répondre. Les lettres ou les mots à retrouver sont signalés par trois points de suspension, quelle que soit la longueur de la réponse. Après certains trous, plusieurs solutions sont proposées entre crochets.

1 exercices de révisions

TRANSFERT

1 **Texte à compléter.** Révision des règles : 5, 9, 22, 30, 36, 45

De plus en plus lourd. La neige fraîche p...se environ 85 kg par mètre cube. Sous une fort... épai...eur, elle se tasse, dég...le au soleil en surface puis reg...le en profondeur, si bien que l'air ...[quelle/qu'elle] emprisonne ...[ce/se] trouve chass... . Il se constitu... un névé : 500 à 600 kg par mètre cube. Le névé expulse l'air restan... et devient glace ; 900 à 950 kg par mètre cube !

2 **Des mots simples peuvent être reconnus dans des mots plus longs. Enlève les suffixes et trouve ces mots.** Règle 11

signaler, plombier, tricoter, fierté, rondelle.

3 **Texte à compléter.** Révision des règles : 7, 12, 31, 46, 47, 60

La chasse au tyrannosaure. Dès que le Monstre vi... les chasseurs boug..., il se jeta en avant en poussant un cr... terrible. En quatre secondes, il couvri... une centaine de mètres. Les hommes visèrent aussitôt et fi... feu. Un souffle puissan... sortit de la bouche du Monstre : il rugi... et ses dents brillèrent au soleil. Eckels, ...[sans/ s'en] se retourner, courait dans la jungle, sans même ...[sans/s'en] rendre compte. Ses pieds s'enfon...aient dans la mousse verte. Les carabines tirèrent à nouv... . Leu... bruit se perdi... dans le vacarme de tonnerre que f...sait le lézard. Le Monstre étendi... ses mains presque humain... pour attraper les hommes. Ils fi... feu. Le Tyrannosaure s'écroula, ...rachant les arbres. Les dix tonnes de muscles heurtèrent la terre. Il serra ...[ces/ses] mâchoires de serpent et ne bou...a plus.

4 **Rébus. Cinq mots à trouver :**

Correction p. 182 Réussite : /40

1 **Texte à compléter.** Révision des règles : 9, 13, 29, 33, 39, 43

Barbouillis. Nous avons un chien, d…clara Georgie. Un chien de b…rger. Je pense qu'il …[et/est] avec papa. Il s' …pelle « Barbouillis » parce que, …[quand/qu'en] il était petit, un jour, il est tomb… dans un pot de p…ture. Il en est sort… tou… barbouillé, alors le nom lui est rest… .

2 **Grille de mots.**

Déshabillée →	N		E				
$\frac{43+56}{9}$ →	O	N		E			
Réfléchis ! →	P		N		E		
58 – 43 →	Q			N		E	
Le soleil … / La chaleur … →	R				N		E

3 **Texte à compléter.** Révision des règles : 9, 16, 22, 30, 32, 38

Escalade. Martin avançait avec prud… un pied après l'autre, évitant de pens… à …[ce/se] qui arriverait …[si/s'y] par malheur il glissait ou tombai… à la renverse. La premi…re partie de l' …calade fut moins p…nible qu'il ne …[si/s'y] attendait. Martin …[ce/se] souvint d'une phrase du professeur de gymnastique, un jour qu'ils discutai… entre eux pour savoir à …[quelle/qu'elle] hauteur pouvai… être placée la poutre d'ex…cice. – …[quelle/qu'elle] soit à deux mètres ou …[a/à] cinquante centimètres du sol, la poutre …[a/à] toujours la même largeur. Six centimètres rest… six centimètres, …[a/à] n'importe …[quel/quelle/qu'elle] niveau.

4 **Puzzle de syllabes.**
Avec ces dix syllabes, tu peux former cinq mots. Lesquels ?

Correction p. 182 Réussite : /40

3 exercices de révisions

TRANSFERT

1 **Texte à compléter.** Révision des règles : 5, 31, 36, 39, 45, 62

Le poisson-aspirateur. Ce petit poisson se promène ...[sans/s'en] arrêt, sur le fond de l'aquarium, remu... le sable, aspir... et mange la nourriture qui y est tomb... et qui, ...[sans/s'en] lui, troublerait l'eau. Il fait partie de la famille des poissons-chats que l'on appel... ainsi parce qu'ils po..èdent une à quatre paires de for... barbillons assez raid... rapp...ant les moustaches du chat.

2 **Des mots simples peuvent être reconnus dans des mots plus longs. Enlève les suffixes et trouve ces mots.** Règle 11

sonnerie, frontière, quartier, grosseur, amitié.

3 **Texte à compléter.** Révision des règles : 16, 22, 24, 37, 38, 39

Un vent de tempête. Une véritable tempête ...[ce/se] déchaîne un soir, alors que Joséphine et Hugo rentr... de l'école. Il faut cri... pour échang... la moindre parole. A peine sorti... de la bouche, les mots sont emport... dans l'air. ...[c'est/s'est/ces] tout juste ...[si/s'y] l'on ent... le son de sa propre voi... . ...[c'est/s'est/ces] pourquoi ils marchent ...[a/à] reculons et ne voi... pas venir l'auto. Les freins crissent et grinc... derrière eux, mais ils prennent ...[ce/se] bruit pour le hurlement du vent. Soudain, un choc dur les surpren..., et Joséphine ...[ce/se] trouve renvers... sur le bord de la route. Par bonheur, le conducteur ayant pu stopper ...[a/à] temps, elle n'a aucun mal ; la peur seule lui ...[a/à] fait perdre l'équilibre.

4 **Puzzle de syllabes. Avec ces onze syllabes, tu peux former cinq mots. Lesquels ?**

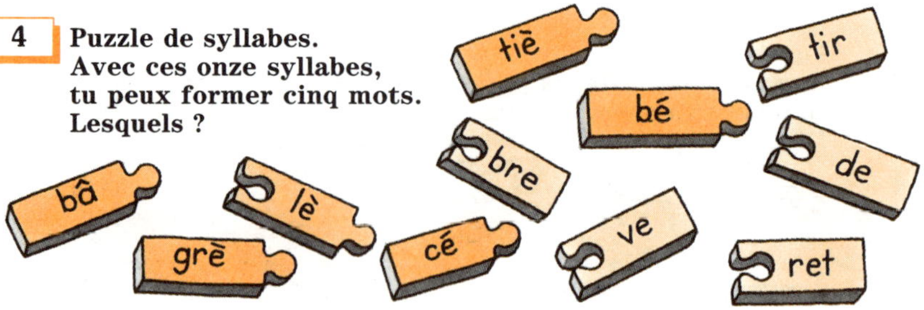

Correction p. 182 Réussite : /40

1 **Texte à compléter.** Révision des règles : 7, 26, 36, 38, 53

La demeure de Balthazar. C'est la plus misérable de tou… Pommerole. Elle affiche, au beau milieu de la place, une fa…ade dangereusement fissur… . Ses volets n'…[on/ont] pas été repein… depuis un siècle et son toit, dont les tuiles effrit… menac… de tomb… en poussière, ne laiss… plus pendre que quelques lambeaux de gou…ières.

2 **Grille de mots.**

Maladie très courante ⟶	G		I			E
Ongle pointu et crochu ⟶	G		I			E
En métal, pour fermer, protéger ⟶	G		I			E
Patine, dérape ⟶	G		I			E
Étincelle, luit ⟶	B		I			E

3 **Texte à compléter.** Révision des règles : 13, 21, 24, 36, 38, 62

Des plantes carnivores. Voyez cette touffe avec …[ces/ses] fleurs minuscul… et ses feuilles color… en rouge pour mieux …tirer les insectes. Regardez, elle semble couver… de gout… d'eau limpides, …[c'est/cet/cette] « Rosée du Soleil », mais …[ces/ses] perles luisan… sont des pièges sournois. Dès qu'un insecte y touch…, il est englué, tou… les poils de la plante se courb… vers lui, tandis que la feuille …[ce/se] referme comme une main. Deux jours après, la feuille …[ce/se] déroule, rejet… les débris de l'insecte digér… et, à nouveau, présent… son traquenard luisan… de sucre pour …tirer une autre proi… .

4 **Rébus. Cinq mots à trouver :**

Correction p. 182 Réussite : /40

5 exercices de révisions

TRANSFERT

1 **Texte à compléter.** Révision des règles : 22, 31, 32, 37, 44, 45

Le sorroche. Ce chemin de fer, unique au monde, montait ...[si/s'y] haut dans la montagne qu'un infirmier, mun... de ballons d'oxygène, devait ...[si/s'y] tenir en permanence pour secourir, ...[sans/s'en/sent] attendre, les voyageurs terrass... par le sorroche, ...[ce/se] terrible mal des Andes qui serr... la boîte crânienne, nou... la gorge, raidi... les muscles, bris... le cœur.

2 **Des mots simples peuvent être reconnus dans des mots plus longs. Enlève les préfixes et trouve-les.** Règle 10

éclair, indigestion, profond, pourtant, affaire.

3 **Texte à compléter.** Révision des règles : 8, 24, 29, 35, 36, 57, 62

Les livres. J'écris un de ...[c'est/ces/ses] manuels que des gens feuill...tent en se disant qu'il est fort ennu...eux. Mais certains le lisent ...tentivement et se disent : « Tien... , ...[c'est/s'est/ces] intéressant, très intéressant même. Je ne savais pas tou... cela. » ...[c'est/s'est/ces] pour ceux-là que j'écris. Il existe des livres sur tou... les sujets imaginabl... : sur les oiseaux, les poissons, les arbres, les fleurs. Dans le mien, il est question de caill... , de tou... les caill... qui existent. Ce mot évoque souvent des pierres gris... , ordinair... , mais il y en a de merv...euses aux noms aussi étrang... ou poétiqu... que ceux des fleurs et des oiseaux. Il existe des ...antités de pierres, plus bel... les unes que les autres.

4 **Puzzle de syllabes.**
Avec ces onze syllabes,
tu peux former cinq mots.
Lesquels ?

Correction p. 183 Réussite : /40

1 **Texte à compléter.** Révision des règles : 6, 12, 30, 36, 50

La flûte de Pan. Coupe des tiges de roseaux de diamètres différen... , en les sciant au niv... d'un nœud. Coupe ensuite au cout... chaque tige en réglant la long... de chacune selon le son ...[quel/quelle/qu'elle] produit et en ayant soin de conserv... un nœud à l'extrémité de chaque tuyau. Les tiges fines seront court... et donn... les sons aigu... , les plus longues et épais... les sons graves.

2 **Des mots simples peuvent être reconnus dans des mots plus longs. Enlève les préfixes et trouve ces mots.** Règle 10

sursaut, parfois, endroit, auprès, ensuite.

3 **Texte à compléter.** Révision des règles : 25, 29, 36, 37, 45, 54

Sur le verglas. Papa s'empare des valises et par... gaiement. Aurore le sui... des yeux jusqu'à ...[ce/se] qu'il disparaisse. Elle n'aime pas le voir s'éloign... . Soudain, elle croi... entendre un cri étouff... . Un gros objet lourd pass... devant elle, glissant à tou... vitesse le long de la pente.

- Tu ... vu, Aurore ? s'écri... maman.

...[c'est/s'est/cette] la grosse valise de papa qui dévale à l'aventure, suiv... bientôt d'une se..onde, puis de papa lui-même sur son fon... de culotte. La grosse valise ayant heurt... une pierre ...[c'est/s'est/cette] ouverte et vid... d'une partie de son contenu. Ramasser les vêtements éparpill... et rang... le tou... ne fut pas une mince affaire.

4 **Rébus. Cinq mots à trouver :**

Réussite : /40

7 exercices de révisions

Transfert

1 **Texte à compléter.** Révision des règles : 16, 21, 24, 27, 38, 40

Utilité des rapaces. Un naturaliste qui …[a/à] longuement étudié tou… leur… comportements assur… : « En un an, une chouette vomi… 700 pelotes de restes de rongeur… d'un poids total de 50 kilos ! » Il a analysé …[ces/ses] pelotes et identifi… les os de 213 peti… rongeurs, 16 rats, 13 moineaux, 1 taupe. Et certains mauvais chasseurs et paysans les tu… comme nuisibles !

2 **Grille de mots.**

Chaque téléviseur en a un ⟶	E				
Exploitation agricole ⟶	F	E			
Quand on s'arrête de travailler ⟶	G		E		
Entre l'automne et le printemps ⟶	H			E	
Pour un enfant sage ⟶	I				E

3 **Texte à compléter.** Révision des règles : 22, 25, 31, 57, 58, 61, 62

Le choix d'un prénom. Notre bébé s'app…ait Jorg. Ainsi en avaient décid… nos parents. Pour une fille, ils avaient chois… Bettina …[sans/s'en/sent] nous demand… notre avis, à nous, les frères ! …[ces/ses] deux prénoms ne nous plaisaient pas. — Alors, vous choisis… le nom qui vous plaît, …[sans/s'en/sent] rien demand… à personne ? Et ce pauvre gosse portera …[ce/se] nom toute sa vie ? …[c'est/s'est/sais] scandaleux ! a protest… Christophe. — …[c'est/s'est/sais] notre enfant, tu …[c'est/s'est/sais]. Ne l'oubli… pas, a répond… papa, très calme. — Peut-être, mais …[c'est/s'est/sait] notre frère aussi. Nous avons des droits sur lui. Y avez-vous pens… ? — Désolé, Christophe, mais …[c'est/s'est/sait] ainsi. Réfléchi… . Jorg est un bien joli nom.

4 **Puzzle de syllabes.**
Avec ces douze syllabes, tu peux former cinq mots. Lesquels ?

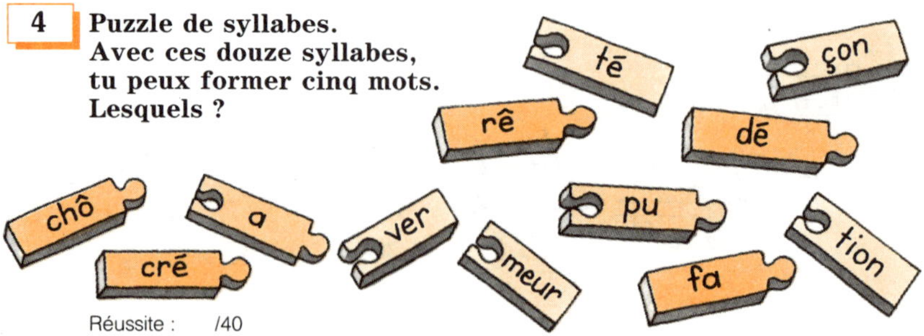

Réussite : /40

1 **Texte à compléter.** Révision des règles : 19, 26, 31, 54, 55

Le corbeau de Floppy. Les gens ...[on/ont] d'ordinaire des chats ou des chiens. Floppy, elle, po...édait un corbeau. Nul ne savait d'où il venait, ...[mais/met/mes] il était son compagnon depuis toujour... . Il savait parl... , ...[sans/s'en/sent] pour cela racont... de sottises et, si l' ...[on/ont] s'adressait directement à lui, il répond... mais à condition d'être bien dispos... !

2 **Des mots simples peuvent être reconnus dans des mots plus longs. Enlève les préfixes et les suffixes pour les retrouver.** Règles : 10, 11

enlaidir, sursauter, délasser, surmonter, s'attarder.

3 **Texte à compléter.** Révision des règles : 8, 18, 27, 30, 40, 55

Les oies. Le viei... homme raconta : - Ma grand-mère habit... dans cette maison ...[quand/qu'en] elle était petite. Elle racontait ...[quelle/qu'elle] emmenait souvent le troupeau d'oies au marché à pied. ...[son/sont] père lui avait fix... cette tâche. Elle les obligeai... à march... , d'abord dans une poix épais..., puis dans du sable. Leu... pieds ainsi endui... étaient protég... par ces drôles de semel... , comme si elles avaient port... des chaussures. Ça ne ...[ce/se] fait plus de nos jours. Maintenant, ...[on/ont] entasse les oies dans une fourgonnette pour all... les vendre au marché.

- En tout cas, nos oies ...[son/sont] bonnes marcheuses. Je suis sûr ...[quelle/quelles/qu'elles] pourraient se rendre à la ville à pied si elles le devai... ! affirma Sammy.

4 **Rébus. Cinq mots à trouver :**

Réussite : /40

9 exercices de révisions

TRANSFERT

1 Texte à compléter. Révision des règles : 31, 37, 54, 56, 57

Joue au bilboquet ! Coll... une bobine sous un gobelet perc... . Passe une ficelle à travers bobine et gobelet avant d'en nou... le bout. Fai... un gros nœud à l'autre extrémité de la ficelle et entour... -le de papier d'aluminium très serr... : voilà la balle. Tien... ton bilboquet par la bobine et essay... de faire entr... la balle dans le gobelet ...[sans/s'en/sent] te servir de l'autre main.

2 Grille de mots.

Vieux ⟶	A					
On y met son argent ⟶	B	A				
Il a eu de la ... ⟶	C		A			
Au début de la course ⟶	D			A		
Oiseau à plumes colorées et longue queue ⟶	F				A	N

3 Texte à compléter. Révision des règles : 16, 25, 26, 43, 45, 54, 65

Balthazar. Il n'a jamais dérang... personne. ...[c'est/s'est/cet] un paresseu... , un farfelu, ...[on/ont] le considèr... un peu... comme l'idiot du village. Il s'endor... dans les prés au lieu de fauch... l'herbe le long des fossés, il répar... les montres qu'il achève de détra...er, il passe le plus clair de son temps ...[a/à] chiper des pommes, ou ... gribouiller des bon...ommes et des fleurs sur de vieil... planches. ...[mais/met/mes] tout cela n' ...[ai/est] pas bien grave, et personne n' ...[a/à] jamais songé à le lui reproch... sérieusement. ...[sans/s'en/sent] Balthazar, le village s'ennu...rait.

4 Puzzle de syllabes.
Avec ces treize syllabes, tu peux former cinq mots. Lesquels ?

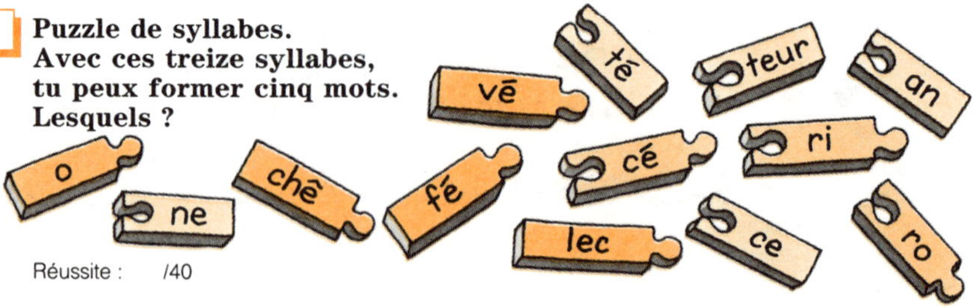

Réussite : /40

1 **Texte à compléter.** Révision des règles : 25, 37, 51, 52, 53, 54

L'appendicite. Oblig... de partir faire un reportage, maman avait appel... l'hôpital d'où on lui avait di... : « Votre fils sera opér... dans un quart d'heure. » Ils m'ont mi... sur un chariot et emmen... en salle d'opération. Après quoi, j'ai reç... une piqûre, j'ai dû compt... jusqu'à dix et puis je ne ... [c'est/s'est/sais] plus. Je me suis réveill... dans mon lit.

2 **Des mots simples peuvent être reconnus dans des mots plus longs. Enlève les préfixes et les suffixes pour les retrouver.** Règles : 10, 11

allaiter, dégoûter, embrasser, profondeur, surplomber.

3 **Texte à compléter.** Révision des règles : 22, 24, 26, 29, 31, 36, 62

Les clowns. Tu as sûrement remarqu... qu'il y a deux sortes de clowns : le clown blanc, vêt... d'un costume clair qui étincel... de tou... ses paillettes. Il ...[a/à] beaucoup d'élégance. Le clown noir porte au contraire des vêtements bariol... , ridicul... et d'énorm... chaussures. Au cirque, on l'appel... plutôt « auguste », le nom de « clown » étant réserv... au clown blanc. ...[on/ont] raconte que le premier auguste exerça ...[c'est/cet/cette] fonction bien malgré lui. Un employé de l'écurie serait entr... par erreur sur la piste d'un cirque à Berlin. Ému sans doute de ...[ce/se] voir tout à coup en présence du public, il s'étala de tou... son long, ...[ce/se] releva pour retomb... aussitôt, déclenchant un tonner... de rir... et d'applaudi...ements.

4 **Rébus. Cinq mots à trouver pour compléter cette phrase :**

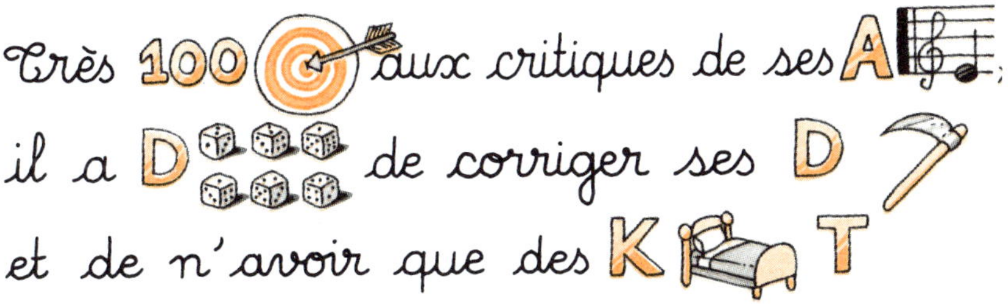

Réussite : /40

Habileté

Exercices de fin d'apprentissage

• Ces exercices sont suivis de **dictées** classiques. Ils entraînent l'élève à acquérir une orthographe rapide et sûre.

• Les fiches non corrigées pourront servir pour les contrôles et pour l'évaluation. Les indications de barème pour la notation figurent au début des corrections (page 183).

• **Textes à compléter**. Lire entièrement le texte avant de commencer à répondre. Les lettres ou les mots à retrouver sont signalés par trois points de suspension, quelle que soit la longueur de la réponse. Après certains trous, plusieurs solutions sont proposées entre crochets.

1 **Texte à compléter.**

De l'arbre au fruit. Vous achet... tou... des fruits au marché, ...[mais/met/mes] vous n'avez ...[sans/s'en/sent] doute jamais ...[eu/eut] l'occasion de suivre les efforts que doi... fournir un petit arbuste, d'abord pour pou...er, puis pour donn... des fruits. Il crain... la séchere...e, le mauvais ...[tant/t'en/temps], la maladie, mais généralement tou... ...[ce/se] passe bien, il profite de l'été pour ...[ce/se] gorger de pluie et de soleil, et port... enfin de beau... fruits succulents. Les arbres fruitier... fleuriss..., comme vous savez, pour le plaisir des yeux, puis il ...[ce/se] forme un petit fruit qui gross... lentement. Peu ...[a/à] peu, il pren... couleur et devien... ...[si/s'y] beau que l'eau nous vien... à la bouche et nous pouvons alors le cueillir, car il nous ...partient. Aucun fruit achet... dans un magasin ne peu... avoir la saveur de celui-là. Essayon... de faire de la colline un grand jardin où chacun aura plant... son arbre ou son arbuste.

2 **Tu ne connais peut-être pas tous ces mots longs, mais tu utilises très bien les mots courts qu'ils contiennent. Trouve ces mots.**

une photographie, le métropolitain, une motocyclette, une radiographie, la télévision.

3 **Qu'a-t-il voulu écrire ? Rétablis l'orthographe normale de ces cinq mots :**

un *nain poli* — un *malade roi* — le *rang part*
un *serre-paon* — le *sot met*

Correction p. 183 Réussite : /40

1 **Texte à compléter.**

Le renard et les puces. Je vi... un renard qui recueillai... des touffes de laine rest... ...crochées aux branches bas... des arbustes et aux barbelés qui clôturaient presque entièrement le pâturage. Ensuite, il façonna une bouch... de laine de tel... sorte qu'elle débordât de son mus... sur cinq à six centim...tres de chaque côté. Enfin il se diri...a vers un cours d'eau qui travers... le pré, ...[si/s'y] plon...a à reculons, jusqu'à ...[ce/se] que tou... son cor... fût dans l'eau sauf ...[ces/ses] narines et le tampon. Le renard demeura dans ...[cet/cette/c'est] position pendant quelqu... minutes ; puis il lâch... sa bouchée de laine, sorti... de l'eau, ...[ce/se] secoua et disparu... . La touffe ainsi abandonn... commen...a à descendre au fil du courant. Nous ...[l'a/la] retrouvâmes arrêt... contre la berge. A notre profon... surprise, elle fourmillait de puces par centaines. Les puces, craignant l'eau, avai... gagné le point le plus élevé ...[et/est] seul demeuré à sec, c'est-à-dire le tampon de laine !

2 **Recherche.** Tu dois écrire un nom au pluriel terminé par le son *o*. Tu sais que le singulier de ce nom se termine par -al.

a. Comment vas-tu écrire ce nom au pluriel ?
b. Cite quatre exemples pour justifier ta réponse.

3 **Peux-tu reconstituer ce puzzle ? (5 mots)**

Correction p. 183 Réussite : /40

1 **Texte à compléter.**

Anniversaire. — Je veu… le nounours ! a crié Zétic. Il a bien fall… …[la/l'a] laisser choisir, puisque … était son anniversaire, et que Zétic est la plus petite, par-dessus le marché ! Moi aussi, j'aurais bien voul… l'ours. J'ai …[eu/eus/eut] le lapin, qui …[ai/est] très amusant avec …[ces/ses] deux oreilles tout… droit… . Et Papoutch a eu l'escargot.
Papa a fai… semblant de pleur… . Il disait :
— Moi aussi, je veu… une bête en pâte d'amandes. …[on/ont] ne pense jamais … moi, dans cette maison. Alors, je lui ai donn… la carotte de mon lapin. Mais il ne …[la/l'a] pas mang… . Moi non plus, je n'…[ai/est] pas mangé le lapin tout de suite : il était tellement drôle, ç'aurait ét… dommage ! Je l'…[ai/est] juste un peu léché, pour voir …[quel/quelle/qu'elle] goût ça avait. Et puis, j'…[ai/est] aussi léch… la carotte, avant de …[la/l'a] donner à papa, pour voir …[si/s'y] la pâte d'amandes gri… et la pâte d'amandes roug… avai… le même goût. Eh bien, pas tout à fait : essayez, vous ver… !

2 **Vrai ou faux ?**

a. L'*appendicite* est un mot de la famille de *lapin*.
b. *nt* est une marque du pluriel des verbes.
c. Le participe passé employé avec *avoir* s'accorde avec le sujet du verbe.
d. L'écriture *s'y* n'existe pas.
e. Le *bouleau* est un travail très pénible.

3 **Qu'a-t-il voulu écrire ?**
Rétablis l'orthographe normale de ces cinq mots :

j'aimerais *dix nez*
elle est *fée rosse*
la *sous-France*
en *nez fait*
une *mère veille*

Correction p. 184 Réussite : /40

1 **Texte à compléter.**

La petite chèvre de M. Seguin. — Je veu… aller dans la montagne, monsieur Seguin.
— …[mais/met/mes], malheureuse, tu ne …[c'est/s'est/sais] pas qu'il y a le loup dans la montagne. Que fer…-tu …[quand/qu'en] il viendra ?
— Je lui donn… des cou… de corne, monsieur Seguin.
— Le loup …[ce/se] moque bien de tes cornes. Il …[ma/m'a] mangé des biques autrement encorn… que toi ! Tu sais bien, la pauvre v…ille Renaude qui était ici l'an dernier ? Elle …[c'est/s'est/sait] battue avec le loup tou… la nuit, puis, le matin, le loup l'a mang… .
— Pauvre Renaude ! …[ça/sa] ne fait rien, monsieur Seguin, laiss…-moi all… dans la montagne.
— Bonté divine ! dit M. Seguin ; …[mais/met/mes] qu'est-ce qu'on leu… fai… donc à …[mais/met/mes] chèvres ? Encore une que le loup va me mang… . Eh bien, non ! Je te sauv… malgré toi, coquine !
Là-dessus, M. Seguin emporta la chèvre dans une étable tou… noire, dont il ferma la porte …[a/à] double tour. …[mais/met/mes] il avait oubli… la fenêtre, et à peine eu…-il le dos tourn…, que la petite …[sans/s'en/sent] alla.

2 **Tu ne connais peut-être pas tous ces mots longs, mais tu utilises très bien les mots courts qu'ils contiennent. Trouve ces mots.**

un pneumatique, un vélocipède, une automobile,
le cinématographe, un microphone.

3 **Peux-tu reconstituer ce puzzle ? (5 mots)**

Correction p. 184 Réussite : /40

5 exercices de fin d'apprentissage

HABILETÉ

1 **Texte à compléter.**

Embouteillage. A perte de vue se déroulai... la longue file des autos : il y en avait des rouges, des bleu... , des vertes, etc. Petites ou grandes, certaines avai... des galeries surcharg... , d'autr... un bateau sur le toit, tels des escargots avec leur co...ille. Tou... avan...aient très lentement. Le bruit troublait la paix des champs ; les oiseaux depuis lon...tem... avai... fui, les arbres plant... le long de la route tremblaient et perd... leu... feuilles, devançant ainsi l'automne. « Que font donc ici tou... ces gens, boucl... dans leu... boîtes ? ...[ce/se] demandait Diogène. Pourquoi cette hâte ? ...[on/ont] dirait que le diable est à leu... trousses ! » Ils protestaient, klaxonnai... furieusement dès que l'un d'eux ralenti...ait un peu l'allure : « Encore un qui ...[ce/se] promène ! » criai...-ils irrités. Car il n'était pas question ici de flân... ou de se divertir. Tou... , ou presque, se trouvai... sur le chemin du retour. Tou... regagnaient leu... bureau, leu... usine où, onze mois durant, ils rêveraient au dou...me : leur mois de vacances.

2 **Recherche.** Tu dois écrire un verbe commençant par le son *ar* suivi d'une voyelle.

a. Dois-tu mettre deux r ?

b. Cite quatre verbes pour justifier ta réponse.

3 **Peux-tu reconstituer ce puzzle ? (5 mots)**

Correction p. 184 Réussite : /40

1 **Texte à compléter.**

Mon chien, c'est quelqu'un. Est-ce que j'aboi... , moi ? Quoique, quoique ! Dernièrement, mon chien était sorti ...[sans/s'en/sent] me prévenir. Il était all... aux Puces, et moi j'étai... resté pour gard... la maison. Soudain, j'entendi... sonner. Je ne ...[c'est/s'est/sais] pas ce qui ...[ma/m'a] pris, au lieu d'aller ouvrir, je me suis mi... à aboyer ! ...[mes/mais/met] à aboyer ! Le drame, ...[c'est/s'est/ces] que mon chien, qui avait sonn... et qui attend... derrière la porte, a tou... entendu ! Alors, depuis, je n'en suis plus le maître ! Avant, ...[quand/qu'en] je lui lan...ais une pierre, il ...[la/l'a] rapportait ! Maintenant, non seulement il ne ...[la/l'a] rapporte plus, ...[mes/mais/met] c'est lui qui ...[la/l'a] lance ! Et ...[si/s'y] je ne la rapporte pas dans les délais, qu'est-ce que j'enten... ! Je suis devenu sa bête noir... ! ...[c'est/s'est/sait/ces] dommage qu'il ne soit pas là, il vous aur... raconté tou... ça mieux que moi ! Parce que ...[c'est/cet/cette] histoire, lorsque ...[c'est/cet/cette] moi qui la raconte, personne n'y croi... ! Alors que, lorsque c'est mon chien, les gens sont tout ouïe. Les gens croi... n'importe qui !

2 **Vrai ou faux ?**

a. La *canne* est la femelle du *canard*.
b. Il faut toujours mettre *deux s* pour représenter le son *sss*.
c. Le participe passé s'accorde (presque) comme un adjectif.
d. A certaines personnes, les verbes en *-cer* s'écrivent avec une cédille.
e. Un *coffret* est un petit *coffre*.

3 **Qu'a-t-il voulu écrire ?**
Rétablis l'orthographe normale de cette histoire :

un *nez crie vin*
et un *lit braire écrits ronds*
des *pots aiment* dans un *nid lustré*.

Réussite : /40

7 exercices de fin d'apprentissage

HABILETÉ

1 **Texte à compléter.**

Une mauvaise nouvelle. Au premier coup de sif... , l'écureuil avait sursaut... . Puis, rabattant sa longue queue touff... sur sa tête, ...[sans/s'en/sent] perdre une seconde, il avait saut... de sa branche, plouf, pour ...terrir, tel un parachutiste, aux pieds de son compère le nain.

— Eh bien ! Que ...[ce/se] passe-t-il ? Le feu ? Je suppose que la forêt brûle, pour que tu me dérang... ainsi dans mon premier somm... ?

— ...[c'est/s'est/sait/ces] aussi grave, peut-être pire qu'un incend... , avait répondu Tibère. Ren...-toi compte. Les habitants de Poggenbuttel ont décid... d'abattre tou... les arbres de la forêt. Demain matin, de bonne heure, ils se mett... au trav... . Épouvant... , l'écureuil senti... son poil roux se hériss... .

— Incr...able ! glapit-il indign... . Je me demande ...[ce/se] qui leu... prend ? Que nous reproch...-ils ?

— ...[c'est/s'est/cette] une question d'argent, de million... , soupira tristement le nain. Les gens de Poggenbuttel en ...[on/ont] la tête tourn... . Vien... , Paulo, il nous faut ra...embler tous les animaux et tenir conseil.

2 **Recherche.** Tu dois écrire un verbe dont l'infinitif se termine par le son *uir*. Il ne s'agit pas du verbe *fuir*, ni du verbe *s'enfuir*.

a. Es-tu obligé de l'écrire -uire ?

b. Cite quatre verbes pour justifier ta réponse.

3 **Peux-tu reconstituer ce puzzle ? (5 mots)**

Réussite :   /40

1 **Texte à compléter.**

Le monstre et le robot. « Je dois rêver », se dit Mishkin. ...[mais/met/mes] l'animal était là. Il ...[ce/se] jeta sur le côté. — Tir... ! hurla Mishkin au robot. — Je ne suis pas fai... pour tuer les herbiv... . Après un large virage, l'animal rev... à la charge, la bave au menton. Mishkin bond... sur la droite, puis sur la gauche, ...[mais/met/mes] l'animal le suivait comme ...[son/sont] ombre. Les mâchoires énorm... s'ouvrir... . Mishkin ferma les yeux. Il sent... une vague de chaleur inond... son visage, entend... un grognement, puis le bruit sour... de la chute d'un corps lourd.
Il rouvrit les yeux. Le robot ...'était finalement décid... à tir... et ven... d'abattre l'animal aux pieds de Mishkin. — Je ne voi... pas pourquoi ...[c'est/s'est/cet/cette] créature ne ...[ce/se] trouve pas dans ma mémoire, dit-il. ...[on/ont] a commencé à surveill... cette planète depuis plus de dix ans ; aucun animal de ...[c'est/s'est/cet/cette] taille n'aurait pu nous échapp... . On peut dire ...[sans/s'en] exagérer ...[quand/qu'en] ce qui concerne ...[ces/ses] dangers, la planète Darbis IV est aussi conn... que la Terre elle-même.

2 **Tu ne connais peut-être pas tous ces mots longs, mais tu utilises très bien les mots courts qu'ils contiennent. Trouve ces mots.**
un stylographe, la météorologie, un kilogramme, un taximètre, une machine dynamo-électrique (il y en a une pour éclairer le phare des vélos).

3 **Vrai ou faux ?**

a. *Leur* avant un verbe ne prend jamais d'*s*.
b. Une branche de *chêne* s'appelle une *chaînette*.
c. Une *muselière* se met sur le museau du chien.
d. Le *s* est la seule marque du pluriel pour les noms.
e. *Avoir* peut être suivi d'un infinitif.

Réussite : /40

9 exercices de fin d'apprentissage

HABILETÉ

1 **Texte à compléter.**

Une ruse de Renart. Renart serr... fortement le seau à la queue d'Ysengrin. « Et maintenant, vous n'av... plus qu'à vous tenir ...mobile pendant une heure ou deux, jusqu'à ...[ce/se] que vous sentiez les poissons ...river en foule dans l'engin. » Renart ...[ce/se] place alors un peu à l'écart, sous un buisson, la tête entre les pieds, les yeux attach... sur son compère. L'autre se tien... au bord du trou, la queue en partie plong... dans l'eau avec le seau qui ...[la/l'a] retient. ...[mais/met/mes], comme le froid était extrême, l'eau ne tarda pas à ...[ce/se] figer, puis à se chang... en glace autour de la queue. Le loup attribu... le tiraillement aux poisson... qui arriv... ; il se félicite, ...[et/est] déjà songe au profi... qu'il va tir... d'une pêche miraculeuse. Il fai... un mouvement, puis s'...rête encore, p...suadé que plus il attendra, plus il am...nera de poissons à bord. Enfin, il se dé...ide à tirer le seau ; ...[mais/met/mes] ses efforts ...[son/sont] inutil... . La glace a pri... de la consistance, le trou s'est referm... , la queue est bloqu... ...[sans/s'en/sent] qu'il lui soit possible de se libérer.

2 **Recherche.** Tu dois écrire un mot terminé par le son *o*. Dans sa famille, il y a un autre mot contenant -el-.

a. Comment vas-tu écrire la terminaison de ce mot : o, au ou eau ?

b. Donne quatre exemples pour justifier ta réponse.

3 **Peux-tu reconstituer ce puzzle ? (5 mots)**

Réussite : /40

1 **Texte à compléter.**

Le bras cassé. Quand Clotaire ...[c'est/s'est/ces/sait] assis, on a commenc... à lui pos... des tas de questions : ...[on/ont] lui a demandé ...[si/s'y] ça lui faisai... mal, et qu'est-ce que ...'était que ...[ce/se] truc dur qu'il avait autour du bras. « Nous allons faire une dictée », a di... la maîtresse. Nous avons pri... nos cahiers et Clotaire a essa...é de sortir le sien de ...[son/sont] cartable avec une seul... main. « Je vais t'aid... », a dit Joachim, qui était assi... à côté de lui. « On ne ...[ta/t'a] pas sonné », a répond... Clotaire. La maîtresse a regard... du côté de Clotaire et elle lui ...[a/à] dit : « Non, mon petit, pas toi, bien sûr ; repos...-toi. » Clotaire ...[c'est/s'est] arrêté de cherch... dans son cartable et il a fai... une tête triste, comme ...[si/s'y] ça lui faisait de la peine de ne pas faire de dictée. La dictée était te...ible, avec des tas de mots comme « chrysanthème », où on a tou... fait des fautes, et « dicotylédone » et le seul qui ...[la/l'a] bien écrit c'est Agnan, qui ...[et/est] le premier de la classe et le chouchou de la maîtresse. Chaque fois qu'il y avait un mot difficile, moi je regardai... Clotaire et il rigolai... .

2 **Vrai ou faux ?**

a. Au présent de l'indicatif, à la **3**[e] personne du singulier, les verbes en *-dre* se terminent **toujours** par un *d*.
b. La *mûre* s'appelle ainsi parce qu'elle pousse sur les *murs*.
c. L'écriture *oille* se rencontre dans des noms au féminin.
d. Le *rat d'égout* s'appelle ainsi parce qu'il provoque le *dégoût*.
e. Il existe des participes passés terminés par *-is* au singulier.

3 **Qu'a-t-il voulu écrire ? Rétablis l'orthographe normale de cette histoire :**

Le *chaud phare* prit le *veau lent*. Il appuya si fort sur *lac sel et rate heure*, qu'il roula dans le *faux c* et plongea dans *les taons*.

Réussite : /40

Dictées

1. Le collège

Après les vacances, je suis entré au *collège*. Quelle *différence* avec l'école ! Au lieu d'une seule maîtresse, nous avons un professeur *différent* pour chaque matière, ou presque. Bien *sûr*, tout était nouveau pour moi, mais cela n'a pas été aussi terrible que je le redoutais. Et puis avoir déjà un frère au *collège*, cela m'a bien facilité les choses.

D'après C. Jacobsen, *Votez pour maman*,
bibl. de l'Amitié, G.-T. Rageot, édit.

Mots hors programme : *collège, différence, sûr.*

2. La chatte et le lézard

La chatte a pris un lézard vert ! Elle a pris un lézard vert dans la vigne. Venez voir, tous !
Peut-on dire qu'elle l'a pris ? La chatte était couchée. Tout à coup elle s'est changée en *dragon*, en flamme, en poisson volant, et j'ai vu sous son ventre, entre ses pattes d'argent, un lézard vert, comme si elle venait de l'inventer à l'instant même.

Colette, *Prisons et paradis.*

Mot hors programme : *dragon.*

3. Avoir un chien

Kind caressait l'animal et il sentait grandir en lui une envie folle de posséder un chien. Cette envie venait de naître brusquement au fond de lui. Il lui semblait qu'il n'avait jamais désiré autre chose au monde que d'avoir un chien. Justement, un chien comme celui-là, un berger gris, *nerveux* et gai, et qui s'appellerait *Kerl.*

D'après M.-A. Baudouy, *Le garçon du barrage*,
bibl. de l'Amitié, G.-T. Rageot, édit.

Noms propres et mot hors programme : *Kind, Kerl, nerveux.*

4. Bébé se calme

Aurore entra dans la chambre de son petit frère, le prit dans ses bras et *s'assit* avec lui sur le bord du lit, le laissant crier tout à son *aise*. Il se calma presque aussitôt ayant aperçu l'un de ses doigts de pied qui sortait par un petit trou de la chaussette. Son gros orteil pas très gros et tout rose. *Aurore* le *chatouilla* et *Socrate* se mit à rire.

D'après A.-C. Vestly, *Aurore et la petite auto bleue*,
bibl. de l'Amitié, G.-T. Rageot, édit.

Noms propres et mots hors programme : *Aurore, Socrate, elle s'assit, aise, chatouiller.*

5. Sport et médecine

Pour un jeune coureur, le premier point important *consiste* à avoir une bonne santé. Il est utile que le médecin vous suive et surveille votre *tension* et l'état de votre cœur. Ensuite, une fois sorti du lot, quand on fournit des efforts très violents et souvent répétés, on a besoin d'une aide médicale plus complète : vitamines, *contrôles permanents*. Sans ces soins indispensables, les champions ne gagneraient pas souvent.

D'après J. Anquetil, in J. Anquetil
et P. Chany, *Anquetil*, Hatier, édit.

Mots hors programme : *consiste, tension, contrôles permanents.*

6. La santé d'Hélène

Hélène n'aime pas l'école. Elle se découvre toutes sortes de maux pour y échapper : elle a souvent mal au ventre, à la tête, aux dents, aux oreilles, sans parler des rhumes, des crises de *toux* et de mille autres bobos passagers. Tous les microbes de la création ont *rendez-vous* sur *Hélène* malgré les remèdes, médicaments, lainages et soins continuels de ses parents. Alors que *Maryse* court sans manteau dans le froid et la neige pendant tout l'hiver, *Hélène* tombe malade au moindre courant d'air. *Bizarre* !

D'après D. Galin, *Mais où est donc passé le car* ?
bibl. de l'Amitié, G.-T. Rageot, édit.

Noms propres et mots hors programme : *Hélène, Maryse, toux, rendez-vous, bizarre.*

7. La fuite

François attendit que la rivière ait *atteint* son niveau le plus bas pour s'y engager. Il marcha alors en éclaireur, tenant son cheval par la bride, et l'encourageant de la voix. A *mi-chemin*, il perdit l'équilibre et roula dans la boue épaisse, prête à l'engloutir. Par bonheur, ses deux mains n'avaient pas lâché la bride, il s'y *cramponna*, et dans un suprême effort de volonté se releva et franchit les derniers mètres qui le séparaient de l'autre rive.

D'après H. Pérol, *Le grand exode de François d'Acadie*,
bibl. de l'Amitié, G.-T. Rageot, édit.

Nom propre et mots hors programme : *François, atteindre, mi-chemin, se cramponner.*

8. En sortant de l'école

En sortant de l'école
Nous avons rencontré
Un grand chemin de fer
qui nous a *emmenés*
Tout autour de la terre,
Dans un wagon doré,
Tout autour de la terre,
Nous avons rencontré
La mer qui se promenait
Avec tous ses coquillages
Ses îles parfumées
Et puis ses beaux *naufrages*
Et ses saumons fumés
Au-dessus de la mer
Nous avons rencontré
La lune et les étoiles
Sur un bateau à voiles
Partant pour le *Japon*.
Et les trois *mousquetaires*
des cinq doigts de la main
Tournant la manivelle
d'un petit sous-marin
Plongeant au fond des mers
Pour chercher des *oursins*...

Jacques Prévert, *Histoires*, édit. Gallimard

Nom propre et mots hors programme : *Japon, emmener, naufrage, mousquetaire, oursin.*

9. Un futur musicien

Christophe était en train de jouer une comédie *musicale*, qu'il s'était fabriquée avec des *bribes* de ses souvenirs de *théâtre*. Très sérieux, il exécutait sur un air de *menuet*, comme il avait vu faire, des pas et des *révérences*... En se retournant pour une *pirouette*, il vit, par la porte *entrebâillée*, la tête du grand-père qui le regardait. Il pensa que le vieux se moquait de lui. Il eut très honte. Mais le vieux ne dit rien : il l'embrassa et *Christophe* vit bien qu'il était content...

D'après R. Rolland, *Jean-Christophe*, Albin Michel, édit.

Nom propre et mots hors programme : *Christophe, musical(e), des bribes, théâtre, menuet, révérence, pirouette, entrebâillé(e).*

10. La carrière

D'un regard triste, *Balthazar contemple* la *carrière*, plaie ouverte au cœur de la colline. Il murmure :
« Quel malheur de voir ce paysage se *dégrader* de jour en jour... Les poissons, les oiseaux, les lièvres, les faisans..., tous les animaux ont fui la région. Si je reste, je finirai par m'en aller aussi en petits morceaux : je perdrai mes oreilles, à cause de ce bruit *infernal* ; puis mes poumons, à cause de la poussière, et enfin, ma tête, qui finira *sûrement* par éclater. Et j'y tiens, à ma tête, même si elle ne plaît pas à tout le monde. *Décidément*, ce sont les animaux qui ont raison ! »

D'après D. Galin, *Mais où est donc passé le car ?*
bibl. de l'Amitié, G.-T. Rageot, édit.

Nom propre et mots hors programme : *Balthazar, contempler, carrière, dégrader, infernal, sûrement, décidément.*

11. Un sourire

Voici une petite pluie. Vous êtes dans la rue, vous ouvrez votre parapluie. A quoi bon dire : « Encore cette sale pluie ! » Cela ne leur fait rien du tout aux gouttes d'eau, ni aux nuages, ni au vent.
Pourquoi ne dites-vous pas aussi bien : « Oh ! la bonne petite pluie » ? Cela ne fera rien aux gouttes d'eau, c'est vrai ; mais cela sera bon à vous.
Prenez aussi les hommes comme la pluie. Cela n'est pas facile, dites-vous. Mais si, c'est bien plus facile que pour la pluie. Car votre sourire ne fait rien à la pluie, mais il fait beaucoup aux hommes.

D'après Alain, *Propos*, édit. Gallimard

12. Le renard

A la lisière des bois *apparaît* un renard, suivi de ses *renardeaux* qui, pour la première fois au début de mai, montrent leur *frimousse* à la sortie du *terrier*. A présent ils jouent, gracieux, amusants comme de petits jouets en peluche. Leur père continue sa promenade, *frôlant* un arbre de sa queue, sans lever la tête.
Tout à coup, Renard se dresse sur ses pattes de derrière, les oreilles pointées. Un saut de carpe, trois coups de griffe et voici le chasseur avec une taupe en travers de la gueule. Il quitte alors le sentier pour manger à l'*abri* du bois.

S. Duflos et R. Brandicourt, *Dans le bois*, Hatier, édit.

Mots hors programme : *apparaître, renardeau, frimousse, terrier, frôler, abri.*

13. Périclès

Périclès était un homme remarquable, plein de sagesse et de talent. Cela ne plaisait pas à tout le monde. Un jour, un homme l'*injuria* pendant toute une journée, sans s'arrêter. *Périclès* continuait à travailler, comme s'il n'entendait rien. Le soir venu, il rentra chez lui. L'homme en colère le suivit, sans *cesser* de l'insulter. Quand ils furent arrivés, *Périclès* ordonna à son serviteur de prendre une lanterne et de *raccompagner* cet homme chez lui, car il faisait nuit et il risquait de tomber. Ainsi *Périclès* s'est-il montré poli et aimable avec quelqu'un de très désagréable.

D'après A.-C. Vestly, *Aurore la petite fille du bâtiment Z*,
bibl. de l'Amitié, G.-T. Rageot, édit.

Nom propre et mots hors programme : *Périclès, injurier, cesser, raccompagner*.

14. Un bœuf savant

Delphine et *Marinette* avaient couru à l'étable avertir le malheureux bœuf qui était justement en train d'étudier sa grammaire. En les voyant, il ferma les yeux et récita sans se tromper une fois la règle des participes qui est pourtant très *difficile*. Mais *Marinette confisqua* la grammaire et *Delphine* tomba à genoux sur la paille.

- Bœuf, il paraît que si tu continues à tirer la charrue de travers et à répondre de travers, tu vas être vendu à la boucherie.
- *Que m'importe*, fillette, là-dessus je suis tout à fait de l'avis de *La Fontaine* : « Notre *ennemi*, c'est notre maître... »

D'après M. Aymé, *Les Contes du chat perché*, Gallimard, édit.

Noms propres et mots hors programme : *Delphine, Marinette, La Fontaine, difficile, confisquer, que m'importe, ennemi*.

15. L'incendie

Dans la rue, des personnes criaient et se bousculaient. Elles *essayaient* de recevoir dans leurs bras les enfants qui glissaient du toit en pente pour tomber sur le gros tas de neige formé par la tempête à *l'extrémité* de la maison. Il était temps ! Un craquement sinistre et, dans une énorme gerbe *d'étincelles*, une partie de la maison *s'effondra* derrière *Mlle Irena* qui, la robe en feu et les cheveux *roussis*, glissait, elle aussi, sur le toit. Dix mains se précipitèrent pour la prendre et la rouler dans la neige. D'autres soutenaient et *emmenaient* les enfants évanouies (ou évanouis).

D'après G. Catelin, *Linda la sauvageonne*,
bibl. de l'Amitié, G.-T. Rageot, édit.

Nom propre et mots hors programme : *Mlle Irena, essayer, extrémité, étincelle, s'effondrer, roussi, emmener*.

16. Suspense

J'entendis quelqu'un. Par la fente de la porte, je vis le père, sa lampe dans une main, dans l'autre un grand couteau.
Il montait, sa femme après lui. Il ouvrit, mais avant d'entrer, il posa sa lampe que sa femme vint prendre, puis il entra pieds nus. Elle, de dehors, lui disait à voix basse : « Doucement, doucement. » Quand il fut à l'échelle, il monta, son couteau entre les dents. Il arrive à la hauteur de ce pauvre jeune homme étendu, offrant sa gorge découverte. D'une main il prend son couteau, et, de l'autre... ah ! cousine... Il saisit un jambon qui pendait au plafond, en coupe une tranche et se retire comme il était venu.

D'après Paul-Louis Courier, *Lettres de France et d'Italie.*

17. A Marseille, vers 1900

La rue, c'est le *domaine* des chevaux et des *charretiers*. Tous les transports se font de cette façon, à l'aide de charrettes et de chariots tirés par quatre ou six animaux, *attelés* de front ou en file. Il en passe sans *arrêt*.
Quelquefois, les « *poids lourds* » portent jusqu'à cinq ou six tonnes de marchandises, si bien que les *attelages* ont du mal à monter les côtes. En bas de toutes les côtes importantes, on trouve des *loueurs* de chevaux. L'*attelage* en *difficulté* s'arrête. On ajoute un cheval. Une fois la côte montée, l'animal loué redescend tout seul, tranquillement, en tenant bien sa droite, et rejoint son maître, prêt pour une nouvelle escalade.

D'après B. Solet, *Les cahiers de Baptistin Étienne,*
bibl. de l'Amitié, G.-T. Rageot, édit.

Nom propre et mots hors programme : *Marseille, domaine, charretier, atteler, arrêt, les poids lourds, attelage, loueur, difficulté.*

18. Bricolage

J'admirai ces trésors, ces machines, que le petit *Paul* n'osait pas toucher, car il croyait à la méchanceté des outils pointus ou tranchants, et faisait peu de *différence* entre une scie et un crocodile. Cependant il comprit bien que de grandes choses se préparaient ; il partit soudain en courant, et nous rapporta, avec un beau sourire, deux bouts de ficelle, de petits *ciseaux* en plastique et un écrou qu'il avait trouvé dans la rue.
Mon père l'*installa* sur un tabouret de bois, et lui dit de ne pas bouger.
- Tu vas nous être utile, parce que les outils ont une grande *malice* : dès qu'on en cherche un, il le comprend, et il se cache...

D'après M. Pagnol, *La gloire de mon père,*
Pastorelly, édit.

Nom propre et mots hors programme : *Paul, différence, des ciseaux, installer, malice.*

19. Le hibou

Un hibou voyageait. Épuisé, il s'arrêta dans un bois pour se reposer un peu. Une *tourterelle* s'y reposait aussi.
- Vous avez l'air bien fatigué, lui dit-elle. Vous allez loin ? Vous êtes pressé ?
- Je vais à l'Est, répondit le hibou. Je ne veux plus habiter l'Ouest.
- Est-ce que je peux vous demander pourquoi, si je ne suis pas trop curieuse ? demanda la *tourterelle*.
- Les gens de l'Ouest me détestent : ils me répètent toujours que ma voix est laide, qu'elle les *gêne* : je ne peux plus y tenir, je vais à l'Est.
- Je ne veux pas vous décourager, dit doucement la *tourterelle*. Mais à l'Est aussi, et au Sud, et au Nord, il y a des gens pénibles. Au lieu de changer de pays, est-ce que vous ne pourriez pas *essayer*, peut-être, de changer votre voix ?

Yue Yuan (in *Fables*, coll. Œuvres et thèmes, Hatier, édit.)

Mots hors programme : *tourterelle, gêner, essayer.*

20. Monsieur Vernet ne pêchera plus

M. Vernet vit tout à coup le bouchon de sa ligne, qui se promenait sur l'eau. Il tira. C'était une *perche hérissée, épineuse*, qui, *goulue* comme toutes ses semblables, avait avalé l'hameçon jusqu'au ventre. Il fallut l'extraire, arracher de la chair, déchirer les *ouïes* de dentelle rouge, se *poisser* les mains de sang...
M. Vernet plia sa ligne, cacha au pied d'un arbre les deux poissons qu'il avait pris et s'en alla.
Il semblait plutôt gai et réfléchissait en marchant.
« Chasseur, je mangeais le gibier, je me nourrissais, je ne donnais pas la mort par plaisir. Mais *Mme Vernet* rit bien, quand je lui apporte mes quelques poissons raides et secs, et que je n'ose même pas, honteux, la prier de les faire cuire. C'est le chat qui se régale !... Qu'il aille les pêcher lui-même, s'il veut ! Moi, je casse ma ligne !... »

D'après Jules Renard, *Histoires naturelles*, A. Fayard, édit.

Noms propres et mots hors programme : *M. Vernet, Mme Vernet, une perche hérissée, épineuse, goulue, les ouïes, se poisser.*

Test final

Passe ce test sans dictionnaire et sans regarder dans le livre. Tes erreurs t'indiqueront quelles sont les règles que tu dois encore réviser.

1. Écris les noms suivants au pluriel.
un local : des ...... un poteau : des ......
un pneu : des ......

2. Complète, puis accorde les participes passés.
Elle a recoll... les pages que son petit frère avait arrach... .

3. Ajoute un **avant les noms et** il **avant les verbes.**
... travail ... essaie ... cloue

4. Ajoute les accents qui manquent.
Le paiement sera effectue par cheque la deuxieme semaine de fevrier.

5. Complète les mots par s **ou par** ss.
un pen...ionnaire des provi...ions une permi...ion

6. Accorde les verbes (au présent de l'indicatif).
Les dessins animés proposés par cette chaîne l'intéress... beaucoup. Il les regard... tous les soirs.

7. Complète cette phrase par s'en, sans **ou** sent.
Elle ne ... sépare jamais.

8. Que manque-t-il : a **ou** à **?**
Christophe se mit ... gratter sa guitare.

9. Conjugue le verbe vérifier **à la 3e personne du singulier et à la 2e personne du pluriel du présent de l'indicatif.**
....

10. Enlève le préfixe des mots suivants. Écris les mots trouvés.
profond : ...... emmener : ...... exporter : ......

11. Écris les verbes entre parenthèses au futur de l'indicatif.
Dès que j'(*arriver*), je t'(*envoyer*) de mes nouvelles.

12. **Choisis entre** on **et** ont **pour compléter.**
A qui doit-... remettre ce document ? ... ne me l'a pas précisé.

13. **Conjugue les verbes** aller **et** courir **à la 1re et à la 3e personne du pluriel du passé simple de l'indicatif.**
....

14. **Trouve un mot commençant par** app-**, un mot commençant par** acc- **et un mot commençant par** arr-**.**
....

15. **Complète cette phrase en marquant les accords.**
Il espérait retrouver les jouets de sa sœur, oublié... dans le parc le matin même.

16. **Choisis entre** mes**,** mais**,** mets **ou** met **pour compléter.**
Il se ... souvent en colère, ... cela ne dure jamais longtemps.

17. **Écris le verbe** reprendre **aux trois personnes de l'impératif.**
....

18. **Que manque-t-il :** é**,** er**,** ez**,** ais**,** ait **ou** aient **?**
Il avait pens... à achet... une casquette pour se protég... du soleil.

19. **A quel temps et à quel mode est conjugué le verbe** finir **dans la phrase suivante ?**
Il faut que je *finisse* ce travail avant ce soir.

20. **Complète par la terminaison du participe passé ou par celle du verbe.**
As-tu inscr... ton fils à l'école maternelle ?

Après avoir corrigé ton test, entoure les numéros des questions où tu as tout juste. Souligne les autres en rouge.

1. R35	**2.** R39	**3.** R46	**4.** R9	**5.** R5
6. R38	**7.** R31	**8.** R16	**9.** R45	**10.** R10
11. R50	**12.** R26	**13.** R60	**14.** R13	**15.** R36, R37
16. R19	**17.** R57	**18.** R54, R55, R58	**19.** R67	**20.** R53, R61

Calcule ta note : ... **/20** (1 point par question entièrement réussie)
Note les numéros des règles à réviser.
Ils sont précédés de la lettre R à côté des numéros que tu as soulignés en rouge.

Corrections

Exercices de découverte

• Chaque fiche prévoit vingt réponses. Chaque réponse juste vaut un point. Pour avoir une note sur dix, diviser le résultat par deux.

Fiche 1, page 10

1. c. (mettre). Au choix : permettre, promettre, remettre, soumettre, transmettre, admettre, commettre, émettre, démettre, etc. **2.** C'est le poisson qui est utile ; ce sont les lèvres qui sont épaisses ; ce sont les algues qui sont déposées. **3.** Connaître, présent (de l'indicatif), 2ᵉ personne du singulier. **4.** Danser, conduire, défendre, boire, lire. **5.** Descendre, faire, demander, prendre, chauffer, venir.

Fiche 2, page 11

1. Elles portent (des imperméables), elles vont (au champ). **2.** Il → le paysan ; a → avoir ; mis → mettre ; ses vaches → les siennes ; à l'abri → où ? **3.** sa vache ; il lui a fait coudre ; un imperméable ; qu'elle porte ; elle va au champ. **4.** Paysan, an. **5.** Chant, retarder (ou retardement, retardataire...), bondir, bon, laiterie (ou laitier, laitage...), plomb.

Fiche 3, page 12

1. a. (verbe lutter). **2.** Je prends ; il prend ; vous prenez. Verbe prendre. **3.** des jeux ; les milieux ; un peu (pluriel impossible) ; des vœux ; des lieux. **4.** Mots ayant **1 s :** rasant, poser, mesurer ; mots ayant **2 s :** puissant, casser, dessous, coussin (1 pt par mot bien classé). **5.** mon père et ma **mère** ; je préfère la **mer** ; c'est le **maire**.

Fiche 4, page 13

1. Futur (de l'indicatif). **2.** une odeur, la grandeur, une rougeur, une longueur. **3.** une **qu**alité, le **c**alendrier, une **qu**antité, le **qu**artier, un **c**aprice, un **qu**art, un **c**achet. **4. pein**tre, **pein**ture. **5.** le somm**eil**, un écur**euil**, le rév**eil**, une gros**eille**, le s**euil**, un cons**eil**.

Fiche 5, page 14

1. Arrête exprime un ordre. **2. b.** (tu chantes). **3. a :** possible ; **b :** impossible ; **c :** impossible ; **d :** possible. **4.** Il **sait** ; **c'est** une leçon ; je **sais**. **5. x représente** *ks* : expliquer, extérieur, exploit ; **x représente** *gz* : exemple, exister, exercice. **6.** Indi**c**ation, appli**qu**er, compli**c**ation, fabri**qu**er, fabri**c**ation.

Exercices des règles

1 le, un, leurs, quelques, nos, ces, ton, une, du, chaque.

11 il sourit ; elle se coucha ; ils pliaient ; ils étaient trop gros ; ils sont partis ; elle s'ouvrit ; elle s'était endormie ; ils virent sortir ; elles entrèrent ; ils survolaient.

20 **1.** Ensemble des adjectifs : profond, attentif, furieux, meilleur, magnifique, propre, agréable, possible, triste, gentil.

2. Ensemble des verbes : trembler, relever, s'éloigner, organiser, sentir, agrandir, demander, lire, remplir, répondre.

22 Il se dirigeait vers le port ; les meubles étaient à leur place ; tu as mangé (...) ; ils trouveront du muguet ; j'ai déjà dormi (...) ; nous ignorons que beaucoup de gens ont faim ; j'ai du travail ; elle a acheté des livres ; oui, j'en ai ; j'ai très faim.

33 ca**ss**ette, blou**s**e, commi**ss**aire, ro**ss**ignol, nui**s**ible, dépa**ss**er, pe**s**er, phra**s**e, cla**ss**ement, ro**s**eaux.

47 **gui**rlande, lan**ga**ge, **ga**lerie, **gué**risseur, **gui**der, **gon**fler, **gui**gnol, **guet**ter, é**gal**, navi**ga**teur.

51 éner**gi**que, diri**gea**ble, villa**geoi**s, **gi**rouette, chan**geant**, ca**geot**, ima**gi**nation, voya**geons**, **gen**til, na**geoi**res.

54 la volai**lle**, un écureu**il**, une grose**ille**, le béta**il**, une feu**ille**, la rou**ille**, un épouvanta**il**, il a somme**il**, une ore**ille**, une méda**ille**.

68 un dessin animé, un baromètre, un chèque, un blessé, il est célèbre, de l'énergie, du maïs, une étiquette, fièrement, un géant.

80 grandir, tenir, coller, prendre, chauffer, pousser, crier, geler, sauter, allumer.

91 un accord, un prêt, un saut, le goût, un assassin, un rang, un écart, un profit, un abus, un refus.

94 heureux, courageux, sérieuse, merveilleux, nombreux, nerveuse, vénéneux, venimeux, frileuse, dangereux.

105 accorder, arroser, attaquer, (s')appliquer, accuser, (s')arrêter, affirmer, arriver, s'accouder, (s')affaiblir.

116 six, sept, huit, onze, douze, treize, quatorze, quinze, seize, dix-neuf.

119 **A.** après moi ; avoir fait exprès ; très content ; près de son maître ; auprès du directeur. **B.** quelquefois (ou : parfois) très intéressants ; avoir parfois (ou : quelquefois) l'air triste ; trois fois ; vous devriez toutefois ; autrefois, la France.

127 elle **a été** élue ; il n'**a** pas **aimé** ; il continuait **à** escalader ; demander **à** mes parents ; (elle) **a** la grippe ; on hésitait **à** partir ; (il) **a** un mètre d'avance ; (il) se mit **à** crier ; il est **à** un mètre ; **à** la fois.

129 (il) **est cassé** ; (elle) **est fermée** ; ses nuits froides **et** ses gelées ; il **est servi** ; mets-toi là **et** écris ; soixante **et** onze ; (elle) **est tournée** ; (il) **est** très écouté ; un mois **et** demi ; il la montra **et** chuchota.

142 **son** logis ; **son** beau miroir ; (ils) **sont** gracieux ; (ils) **sont** célèbres ; **son** bec ; (elles) ne **sont** pas illustrées ; ils **sont** bavards ; **son** permis ; elles **sont** flattées ; **son** vieux pistolet.

154 je le **mets** ; intelligente, **mais** trop lente ; il **met** ; le premier **mai** ; gentil, **mais** il a peu de patience ; tu **mets** ; on **met** ; **mes** cousins ; **mais** je ne sais pas ; bleu, **mais** avec quelques nuages.

156 **ces** fusées, **cet** enfant, **cet** écran, **cette** merveille, **cet** animal, **ce** marteau, **ces** tenailles, **cette** cigarette, **cet** horrible événement, **cet** exemple.

158 **ces** vagues, **ses** lèvres, **ses** crayons, **ces** troupeaux, **ces** orages, **ses** cheveux, **ses** poches, **ces** chariots, **ses** petits yeux noirs, **ces** immeubles.

168 se débrouiller, se tenir, se retourner, se mêler, se reposer, se mouiller, se sauver, se répondre, se montrer, se retrouver.

177 s'installer, se douter, se bousculer, s'arrêter, se décider, s'enfuir, se passer, se remettre, s'occuper, s'engager.

188 **c'est** une bonne idée ; **ces** fleurs ; **cet** anneau ; **c'est** le nid ; **ces** cris ; **c'est** notre (...) voiture ; **ces** hameçons ; **c'est** ma guitare ; **cette** ficelle ; **c'est** le jour.

190 je ne **sais** pas ; **c'est** son cousin ; (elle) **s'est** présentée ; on **s'est** habillé ; **c'est** lui ; **sait**-elle nager ; **c'est** très calme ; (il) **s'est** plaint ; elle ne **sait** plus ; elle **s'est** lancée.

200 avoir participé, avoir plongé, avoir sommeil, avoir les mains (...) sales, avoir rangé, avoir photographié, avoir obtenu, avoir un bel uniforme, avoir joué, avoir pu.

209 **leur** ballon, **leurs** bijoux, **leurs** carottes, **leur** fourgonnette, **leurs** grillades, **leur** dortoir, **leurs** flèches, **leurs** gâteaux, **leur** invention, **leur** coopérative.

218 on l'a entendu : **on a** entendu ; l'éditeur la publiera : **l'éditeur publiera** (ou : il publiera) ; je te la propose : **je propose** ; le chien l'a mordu : **le chien a** mordu (ou : il a mordu) ; il la berce : **il berce** ; l'élève l'a observée : **l'élève a** observé (ou : **il a** observé) ; il ne l'a jamais pratiqué : **il a** pratiqué ; je la mets : **je mets** ; il la signe : **il signe** ; il ne l'a pas mérité : **il a** mérité.

227 **tous** les deux ; **toute** la semaine ; **tous** très occupés ; **tout** près ; **tous** ces (...) chiffons ; **toutes** les filles ; (ils) étaient **tout** mouillés (ou : **tous** mouillés. Les deux phrases n'ont pas exactement le même sens) ; **toutes** assises ; deux **tout** petits traits ; **tous** les soirs.

229 quel artiste, quelles informations, quelle photo, quelles chaussures, quel (ou : quelle) secrétaire, quelles habitudes, quelle aventure, quelles inventions, quel anniversaire, quels outils.

240 **s'**en **apercevoir** ; une omelette **sans** œufs ; on **s'**en **occupe** ; il **sent** l'air ; **sans** rien dire ; il **s'**en **approcha** ; **s'**en **servir** ; **sans** faire de bruit ; **sans** le petit déjeuner ; je me **sens**.

250 le tableau **ci**-dessus ; **si** drôle ; **si** tu continues ; il **s'**y **cacha** ; **s'**y **bousculer** ; je me demande **si** tu aimeras ; elle **s'**y **piqua** ; celles-**ci** ; **si** je pouvais ; on **s'**y **rend**.

252 il ne pleut qu'**en hiver** ; **quand** pensez-vous avoir terminé ; **quand** il dort ; qu'**en cas d'urgence** ; qu'**en maillot** ; **quand** je l'aperçois ; **qu'**en **dis-tu** ; **quand** l'oiseau eut fini ; qu'**en mai** ; **quand** il rentrera.

254 je vais **t'**en **donner** ; **tant** de choses ; il a **tant** d'outils ; **t'**en **prêter** ; **le temps** ; **tu t'**en **es aperçu** ; elle en trouva **tant** ; **je t'**en **prie** ; (elle) souffrait **tant** ; à **temps**.

263 des jeu**x**, des animau**x**, des vélo**s**, des verrou**s**, des poireau**x**, des feu**x**, ces pneu**s**, les tribunau**x**, des trou**s**, des locau**x**.

274 ma **petite** sœur, mes **petits** cousins, mes **petites** voisines ; des robes **neuves**, des vêtements **neufs**, une robe **neuve** ; des exposés **longs** mais **intéressants**, une histoire **longue** mais **intéressante**.

287 ces fruits, mang**és**... ; descend**us** (...), ils... ; les enfants, couch**és**... ; cette fusée, lanc**ée**... ; ten**u** (...), ce terrain ; assi**ses** (...), elles... ; la viande (...), prépar**ée**... ; les assiettes, cass**ées**... ; retourn**ée** (...), la tortue... ; sa montre, perd**ue**...

296 mon oncle continue ; un agent se tenait ; les vendeuses arrivaient ; le chef descendait ; papa montrait.

304 **Tu as dû relier :** ils sont fermés..., ils sont cassés..., ils sont repartis ; il est suivi..., il est habillé, il est remonté, il est porté ; elles sont perdues, elles sont envoyées ; elle est vendue.

312 les hameaux sont éparpill**és** ; la rivière (...) est domin**ée** ; elles avaient invent**é** ; de nouvelles mesures ont été envisag**ées** ; elle a réalis**é** ; ils ont bien pens**é** ; il n'a pas regrett**é** ; ils sont entr**és** ; ses remarques furent interromp**ues** ; ces lettres seront pein**tes**.

321 **Tu as dû relier : les bonbons** qu'il a achet**és** ; **les tartes** qu'il a achet**ées** ; **le gâteau** qu'il a achet**é** ; **la glace** qu'il a achet**ée** ; **les biscuits** qu'il a achet**és**.

334 s'étendre (ou : étendre), ils ; venir, tu ; croire, je ; surprendre, il (un bruit de porte) ; faire, il (un bruit de porte) ; lire, il (l'employé) ; comprendre, vous ; craindre, il ; apercevoir, on ; attendre, elle (Aurore).

344 je n'**ai** pas **voulu** ; tu n'**es** pas (...) **courageux** ; je t'**ai cueilli** ; **es**-tu **triste** ; qui **est** le plus **gros** ; c'est moi qui (= *j'*) **ai réparé** ; le chien n'**est** pas (...) **agile** ; **ai**-je **de bons réflexes** ; je n'**ai** pas **pu** ; elle (...) **est** (...) **estimée**.

346 tu ref**ais**, vous ref**aites** ; tu admet**s**, vous admett**ez** ; tu veu**x**, vous voul**ez** ; tu red**is**, vous red**ites** ; tu revo**is**, vous revoy**ez** ; tu peu**x**, vous pouv**ez** ; tu **as**, vous av**ez**, tu appren**ds**, vous appren**ez** ; tu reti**ens**, vous reten**ez** ; tu met**s**, vous mett**ez**.

348 **Tu as dû relier :** je ris ; tu ris ; on rit ; nous rions ; ils rient ; je veux ; je pâlis ; il comprend ; vous écoutez ; elles dorment.

365 un cri ; mon petit frère cr**ie** ; des plis ; il pl**ie** ; elles emplo**ient** ; de nouveaux emplois ; je par**ie** ; un pari ; ils ess**aient** ; trois essais.

367 je m'en all**ais**, nous nous en all**ions** ; je revoy**ais**, nous revoy**ions** ; je pren**ais**, nous pren**ions** ; je refais**ais**, nous refais**ions** ; j'av**ais**, nous av**ions** ; je pouv**ais**, nous pouv**ions** ; je reven**ais**, nous reven**ions** ; je cour**ais**, nous cour**ions** ; je compren**ais**, nous compren**ions** ; je reten**ais**, nous reten**ions**.

377 je na**geais** ; on n'avan**çait** pas ; il ne fall**ait** pas ; lui qui pronon**çait** ; elles ne dis**aient** rien, mais (elles) agiss**aient** ; elle ne chan**geait** jamais ; qui rempla**çait** ; vous diri**giez** ; on corri**geait**.

379 il **aura**, ils au**ront** ; il tien**dra**, ils tien**dront** ; il pou**rra**, ils pou**rront** ; il cou**rra**, ils cou**rront** ; il re**fera**, ils re**feront** ; il reve**rra**, ils reve**rront** ; il parvien**dra**, ils parvien**dront** ; il jou**era**, ils jou**eront** ; il dé**fera**, ils dé**feront** ; il appren**dra**, ils appren**dront**.

381 je construi**rai**, il construi**ra** ; j'interdi**rai**, il interdi**ra** ; je per**drai**, il per**dra** ; je pein**drai**, il pein**dra** ; je clou**erai**, il clou**era** ; je saute**rai**, il saute**ra** ; je m'enfui**rai**, il s'enfui**ra** ; j'illustre**rai**, il illustre**ra** ; je simplifi**erai**, il simplifi**era** ; je grandi**rai**, il grandi**ra**.

390 j'ai eu, tu as eu ; j'ai été, tu as été ; je suis allé, tu es allé (je suis allée, tu es allée) ; j'ai soumis, tu as soumis ; j'ai pu, tu as pu ; j'ai fini, tu as fini ; j'ai surpris, tu as surpris ; j'ai dit, tu as dit ; j'ai pris, tu as pris ; j'ai fait, tu as fait.

392 il est allé (passé composé) ; elle eut fait (passé antérieur) ; j'avais su (plus-que-parfait) ; il aura fait (futur antérieur) ; on aura dit (futur antérieur) ; il a mis (passé composé) ; tu as pris (passé composé) ; nous aurons mis (futur antérieur) ; on avait compris (plus-que-parfait) ; vous avez dit (passé composé).

395 (j')ai demand**é** ; (il) est descend**u** ; il (...) a (...) maigr**i** ; elle avait arros**é** ; nous aurons déménag**é** ; (il) s'est blott**i** ; je n'ai (...) pas **pu** ; elle (...) a (...) repos**é** ; (elles) avaient dispar**u** ; tu l'as reconn**u** (ou : **ue**).

405 **Tu as dû relier :** il commence à mang**er** ; elle est en train de mang**er** ; nous avons mang**é** ; ils ont mang**é** ; je suis rest**é**.

413 il l'**avait** décid**é**, il s'**est** arrêt**é**, pour mang**er** ; l'air entr**ait** ; pour la regar**der** ; je déteste tricot**er** ; (il) avait gliss**é**, il était tomb**é** ; (ils) lui offr**aient** ; le déplac**er**.

416 remets ton manteau ; dis ; refais ; revois tes leçons ; viens ; accueille ; offre ; comprends ; pardonne ; va.

419 ris, riez ; avertis, avertissez ; chante, chantez ; finis, finissez ; choisis, choisissez ; efface, effacez ; pars, partez ; arrive, arrivez ; sors, sortez ; colorie, coloriez.

430 Elle voulait dessiner ; il n'était pas préparé ; son frère tremblait ; je ne l'ai pas préparé ; il crie pour appeler ; il crie pour gagner ; on aurait voulu appeler ; on aurait voulu gagner ; tu es entraîné ; vous somnolez.

438 je rev**ins**, il rev**int** ; j'**eus**, il **eut** ; je voul**us**, il voul**ut** ; je ref**is**, il ref**it** ; j'all**ai**, il all**a** ; je me plaign**is**, il se plaign**it** ; j'appr**is**, il appr**it** ; je d**us**, il d**ut** ; je **lus**, il **lut** ; je rev**is**, il rev**it**.

440 j'arriv**ai**, il arriv**a** ; je m**is**, il m**it** ; je me souv**ins**, il se souv**int** ; j'offr**is**, il offr**it** ; je pass**ai**, il pass**a** ; je produis**is**, il produis**it** ; je sort**is**, il sort**it** ; je cherch**ai**, il cherch**a** ; je cour**us**, il cour**ut** ; j'écriv**is**, il écriv**it**.

452 a-t-il m**is** ; as-tu fin**i** ; avez-vous cour**u** ; ont-ils entend**u** ; a-t-elle **ri** ; avez-vous march**é** ; as-tu achet**é** ; a-t-elle b**u** ; avez-vous chant**é** ; a-t-elle réuss**i**.

461 j'appe**lle**, nous appelons ; je ruisse**lle**, nous ruisselons ; je **jette**, nous jetons ; j'étince**lle**, nous étincelons ; je surg**è**le, nous surgelons ; je p**è**le, nous pelons ; je feuill**ette**, nous feuilletons ; je rach**è**te, nous rachetons ; je g**è**le, nous gelons ; je proj**ette**, nous projetons.

465 il **paie** (ou : il **paye**), nous p**ayons** ; il nett**oie**, nous nett**oyons** ; il essu**ie**, nous ess**uyons** ; il empl**oie**, nous empl**oyons** ; il renv**oie**, nous ren**voyons** ; il ess**aie** (ou : il ess**aye**), nous ess**ayons** ; il app**uie**, nous app**uyons** ; il bal**aie** (ou : il bal**aye**), nous bal**ayons** ; il s'enn**uie**, nous nous enn**uyons** ; il **raie** (ou : il **raye**), nous **rayons**.

469 je lan**ce**, nous lan**çons** ; je navi**gue**, nous navi**guons** ; j'interro**ge**, nous interro**geons** ; j'appli**que**, nous appli**quons** ; je pla**ce**, nous pla**çons** ; j'expli**que**, nous expli**quons** ; je conju**gue**, nous conju**guons** ; j'annon**ce**, nous annon**çons** ; je remar**que**, nous remar**quons** ; je na**ge**, nous na**geons**.

471 je cou**rrais**, il cou**rrait** ; je téléphone**rais**, il téléphone**rait** ; je me marie**rais**, il se marie**rait** ; je ve**rrais**, il ve**rrait** ; je continu**erais**, il continu**erait** ; je sort**irais**, il sort**irait** ; je dev**rais,** il dev**rait** ; j'enve**rrais**, il enve**rrait** ; je secou**erais**, il secou**erait** ; je jou**erais,** il jou**erait**.

480 il faut que je refass**e**, que nous refass**ions** ; que je pr**enne**, que nous pren**ions** ; que j'**aille**, que nous all**ions** ; que je soi**s**, que nous so**yons** ; que je sach**e**, que nous sach**ions** ; que je v**oie**, que nous vo**yions** ; que je v**ienne**, que nous ven**ions** ; que je permett**e**, que nous permett**ions** ; que je prév**ienne**, que nous préven**ions** ; que je cour**e**, que nous cour**ions**.

482 il faut que je perd**e**, que nous perd**ions** ; que je suiv**e**, que nous suiv**ions** ; que je rempliss**e**, que nous rempliss**ions** ; que je défass**e**, que nous défass**ions** ; que je surpr**enne**, que nous surpr**enions** ; que je sort**e**, que nous sort**ions** ; que je viv**e**, que nous viv**ions** : que je cueill**e**, que nous cueill**ions** ; que j'écriv**e**, que nous écriv**ions** ; que je descend**e**, que nous descend**ions**.

2 Tu as dû dessiner la « cuillère » du groupe nominal sous : la girouette, ma sœur, les noisettes, les amandes, un cadenas, quelques bonbons, les lecteurs, notre enquête, quel inventeur, mon message.

12 Tu as dû dessiner le « huit » du pronom autour de : **te** (donnent), **tu**, **les** (as vues), **je** (suis allé), **leur** (dire), **elles** (étaient tristes), **je** (crois), **elles** (garderont), **elles t'**(oublieront).

34 absent, gentillesse, bonsoir, récompense, obéissant, message, verser, grossier, consulter, observation.

48 ban**qui**er, cas**que**tte, **quin**ze, hari**cot**, sa**co**che, **ca**price, éti**que**tte, co**quil**lage, ex**cu**se, le**que**l.

52 acier, effa**cer**, gar**çon**, capri**cieux**, **ce**la, balan**çoi**re, le**çon**, ly**cée**, domi**ci**le, pro**cè**s.

55 merve**ill**eux, ta**ill**er, p**ay**er (ou : pailler ; couvrir de paille), app**uy**er, m**oy**enne, se débrou**ill**er, env**oy**er, déra**ill**er, r**ay**on, éca**ille**.

69 hélas, l'immobilité, la légèreté, la lumière, un député, mécontent, l'ouïe, un pavé, haïr, réserver.

95 **Tu as dû relier :** attach**ante** et attach**ant**, pers**ane** et pers**an**, élég**ante** et élég**ant**, rom**ane** et rom**an**, change**ante** et change**ant**, encourage**ante** et encourage**ant**, pays**anne** et pays**an**, git**ane** et git**an**, troubl**ante** et troubl**ant**, sangl**ante** et sangl**ant**.

106 Ont un verbe dans leur famille : arrondissement (arrondir), attelage (atteler), attache (attacher), arrêt (arrêter), atterrissage (atterrir), apprenti (apprendre), accroc (accrocher), affiche (afficher), arrosage (arroser), accusation (accuser).

117 dix, vingt, trente, quarante, cinquante, soixante, soixante-dix (ou : septante), quatre-vingts (ou : huitante), quatre-vingt-dix (ou : nonante), cent.

120 **A.** très tôt ; tantôt gais, tantôt tristes ; prends plutôt cette pomme ; bientôt les vacances ; il est venu aussitôt. **B.** pourtant j'avais fait attention ; tant mieux ; comme il y en a tant ; autant que moi ; tant pis.

169 elle **se** pencha ; il **se** mit ; (il) **se** sentit ; **ce** sifflet ; **ce** tiroir ; (elle) **se** défendait ; **ce** tronc ; **ce** livre ; (il) **se** dirigea ; **ce** dompteur.

191 il **s'est** perdu ; **c'est** un berger belge ; (elle) **s'est** élevée ; il ne **sait** plus ; **sais**-tu jouer ; **c'est** le verre ; on **s'est** bien amusé ; **c'est** (...) long ; (elle) **s'est** enfoncée ; **c'est** moi.

201 **on** n'a plus d'hameçons ; ils **ont** ; **on** doit ; (elles) **ont** ; (ils) **ont** (...) nettoyé ; **on** partait ; **on** a pris le pain ; elles **ont** dû rouler ; **on** pourrait ramasser ; **ont**-ils de quoi manger.

210 (il) **leur** chanta ; **leurs** chien**s** ; elle **leur** prit ; (elle) **leur** donna ; **leurs** enfant**s** ; **leur** trouver ; **leurs** vélo**s** ; (elle) **leur** mit ; **leurs** instrument**s** ; **leurs** rossignol**s** chantent.

219 (elle) **la** suit ; (elle) ne **l'a** pas (...) aperçue ; tout le monde **l'a** félicité ; il voudrait (...) **la** dompter ; on **l'a** accusé ; on **l'a** élue ; il faudrait **la** féliciter ; qui **l'a** lancée ; je veux **la** persuader ; il me **l'a** permis.

264 les signau**x**, des hibou**x**, des bleu**s**, des carreau**x**, des généra**u**x, des clou**s**, des vœu**x**, ses défaut**s**, mes neveu**x**, des rouleau**x**.

275 des cheveux noir**s** très long**s** ; cette route (...) goudronné**e**, aux virages serré**s**, est dangereu**se** ; deux chats frisé**s**, une chatte bleu**e** ; mes voisins sont gentil**s** mais (...) bavard**s** ; (elle) me paraît usé**e**.

288 réveill**és**, les campeurs... ; assi**se** (...), la directrice... ; les enfants (...), install**és**... ; les pompiers, mont**és**... ; le visage griff**é** ; les exposés termin**és** ; les curieux pench**és**... ; la chatte... blott**ie** (...) ; une petite maison (...), viss**ée**... ; impressionn**és**, les gens...

297 les places manqu**aient** ; ils (Papa et Pierrot) prendr**aient** ; il (les) av**ait** ; ils (Catherine, Jeanne et le buraliste) (le) voi**ent** ; je (te les) donn**e** (ou : donn**ais**) ; les enfants pataug**ent** (ou : pataug**eaient**), cueill**ent** (ou : cueill**aient**) ; ri**ent** (ou : ri**aient**) ; toi qui l'**as** dit (= tu as) ; Aude (les) attrap**ait**.

305 les blessés furent soign**és** ; les châteaux (...) sont (...) visit**és** ; les crêpes ont été retourn**ées** ; ce linge est marqu**é** ; les tableaux (...) sont (...) admir**és** ; ces lois ont été discut**ées** ; ils furent condui**ts** ; les infirmiers sont ressort**is** ; ces toits sont couver**ts** ; les ambulances sont repart**ies**.

313 cette histoire est arriv**ée** ; les ouvriers (...) ont été convoqu**és** ; elle avait pliss**é** ; les cambrioleurs ont perc**é** ; ils étaient habitu**és** ; ils ont lutt**é** ; ils sont press**és** ; elles auraient protest**é**, si elles avaient **su**, des pages avaient été arrach**ées**.

322 il a plant**é** ; **la tente** qu'il a plant**ée** ; elle a enfil**é** ; **les tricots** qu'elle a enfil**és** ; on m'a réclam**é** ; **les livres** qu'on m'a réclam**és** ; ces **bêtes**, je ne les avais jamais **vues** ; je n'avais jamais **vu** ; **les feuilles**, je **les** ai oubli**ées** ; j'ai oubli**é**.

349 **vous** venez ; **tu** oublies ; **nous** lanç**ons** ; **il, elle, on** réuss**it** ; **ils, elles** ignor**ent** ; **je, tu** fin**is**. (1 point par pronom juste).

382 je siffl**erai**, il siffl**era** ; je cri**erai**, il cri**era** ; je me méfi**erai**, il se méfi**era** ; je lou**erai**, il lou**era** ; je dépos**erai**, il dépos**era** ; j'applaud**irai**, il applaud**ira** ; je dorm**irai**, il dorm**ira** ; j'apercev**rai**, il apercev**ra** ; je me fatigu**erai**, il se fatigu**era** ; je redescend**rai**, il redescend**ra**.

396 il a pr**is** ; il a prom**is** ; il a appr**is** ; on a cui**t** ; on a interdi**t**.

406 (il) a déraill**é** ; (elle) a annonc**é** ; (il) semblait hésit**er** ; il s'est mouill**é** ; rien à déclar**er** ; l'air de plaisant**er** ; (elles) n'ont pas céd**é** ; **avez**-vous compos**é** ; il faut enroul**er** ; je n'aime pas pel**er**.

420 ne cour**s** pas ; attend**s**-moi ; arrêt**e** ; tien**s**-toi ; dor**s** et **fais** ; ne pleur**e** pas ; ne b**ois** pas ; montr**e**-toi ; **sens**.

431 tu ne peux pas m'oblig**er** ; ils auront réserv**é** ; vous m'aid**ez** ; elle murmur**ait** ; entendre parl**er** ; du foin à grignot**er** ; étonn**é**, papa s'était pench**é** ; ils termin**aient** ; vous avez gagn**é**.

441 j'allum**ai**, la porte s'ouvr**it** ; ils entr**èrent** ; je quitt**ai**, je tourn**ai**, je pr**is** ; (il) obt**int** ; je déga**geai** ; je me défend**is**, je réuss**is**.

453 il pr**it**, il a pr**is** ; je sour**is**, j'ai sour**i** ; il défend**it**, il a défend**u** ; elle v**it**, elle a v**u** ; je part**is**, je suis part**i** (ou part**ie**, au féminin).

462 il appelait, il appe**ll**era ; il ruisselait, il ruisse**ll**era ; il jetait, il **jett**era ; il étincelait, il étince**ll**era ; il surgelait, il surg**è**lera ; il pelait, il p**è**lera ; il feuilletait, il feuill**ett**era ; il rachetait, il rach**è**tera ; il gelait, il g**è**lera ; il projetait, il proj**ett**era.

466 je payais, je paierai (ou : je payerai) ; je nettoyais, je nettoierai ; j'essuyais, j'essuierai ; j'employais, j'emploierai ; je renvoyais, je renverrai ; j'essayais, j'essaierai (ou : j'essayerai) ; j'appuyais, j'appuierai ; je balayais, je balaierai ; (ou : je balayerai) ; je m'ennuyais, je m'ennuierai ; je rayais, je rayerai (ou : je raierai).

472 si je pouvais, je distribu**erais**, il distribu**erait** ; je parcou**rrais**, il parcou**rrait** ; j'ouvri**rais**, il ouvri**rait** ; je regard**erais**, il regard**erait** ; je remerci**erais**, il remerci**erait** ; je rever**rais**, il rever**rait** ; je trouv**erais**, il trouv**erait** ; j'avou**erais**, il avou**erait** ; je mont**erais**, il mont**erait** ; j'étudi**erais**, il étudi**erait**.

483 que vous ayez ; que ces chemins ne soient ; qu'il réponde ; qu'elle y aille ; qu'il attende ; qu'il défende ; qu'il pleuve ; qu'il l'atteigne ; qu'ils ne se battent ; que tu lises.

3 le respect, la (ou : une) plaisanterie, la solidité, la (ou : une) beauté, la (ou : une) gentillesse, la (ou : une) santé, la (ou : une) merveille, la (ou : une) légèreté, la (ou : une) réalité, l' (ou : une) épaisseur.

70 une p**é**riode, un b**é**ret, une **é**tag**è**re, un r**é**flexe, la s**é**curit**é**, une **é**tincelle, ob**é**ir, un r**è**glement, un s**é**jour, une r**é**action.

96 **Tu as dû relier :** vil**aine** et vil**ain**, div**ine** et div**in**, hum**aine** et hum**ain**, cert**aine** et cert**ain**, cous**ine** germ**aine** et cous**in** germ**ain**, vois**ine** et vois**in**, fémin**ine** et fémin**in**, loint**aine** et loint**ain**, **fine** et **fin**, coqu**ine** et coqu**in**.

170 **ce** dessert est appétissant ; **ce** buvard est à moi ; je trouve **ce** champignon très parfumé ; veux-tu goûter **ce** caramel ; **ce** chariot est très pratique ; la cigale doit être dans **ce** pin ; à qui est **ce** sous-vêtement ; regarde **ce** papillon ; **ce** hareng est trop salé ; **ce** lac gèle en hiver.

192 il **s'est** adressé ; **c'est** un poisson-lune ; je **sais** ; **c'est** une (...) voiture ; elle **s'est** battue ; **c'est** prêt ; (il) **sait** son rôle ; **c'est** (...) chaud ; elle **s'est** appuyée ; (elle) **sait** déjà lire.

211 il faut **leur** dire ; **leurs** cousins ; **leurs** sacs ; on **leur** demanda ; **leurs** lettres ; le ministre **leur** répondit ; **leurs** chaises ; on **leur** cria ; il **leur** dit ; je le **leur** ai fait remarquer.

220 (il) **l'a** surpris ; je **la** tiens ; il **l'a** nettoyée ; je **la** reconnaîtrais ; on **l'a** cambriolée ; on te **l'a** donné ; **la** repoussera-t-il ; personne ne **l'a** réclamé ; ne **la** retardez pas ; où **l'a**-t-il connu (= il **l'a** connu).

265 des lieu**x**, des piano**s**, des mau**x**, des fou**s**, mes genou**x**, ces tonneau**x**, des chou**x**, les cou**s**, des cheveu**x**, des coquelicot**s**.

276 une lampe puissante ; deux tables usagées, deux tables cirées, deux tables anciennes ; des stylos neufs, des stylos verts ; un fauteuil vert ; quatre chaises usagées, quatre chaises cirées, quatre chaises anciennes.

323 les touristes ont déclar**é** ; **cette planète** a été observ**ée** ; ma grand-mère m'a expédi**é** **les livres** que je lui avais demand**és** ; **Hélène** est pass**ée**, personne ne **l'**a **remarquée** (Hélène) ; **trois plats** sont propos**és** ; tous les peintres ont expos**é** ; il a (...) dompt**é** ; **les brochettes** qu'elle a prépar**ées**.

350 **ils, elles** tutoient ; **je, il , elle, on** paie ; **tu** confies ; **j'**assois (ou : **je** m'assois), **tu** assois (ou : **tu** t'assois) ; **vous** modifiez. (1 point par pronom juste.)

383 mon père (...) refus**era** ; ta mère jou**era** ; tu n'oubli**eras** pas ; tu v**erras** ; je m'amus**erai** ; je ne cri**erai** pas ; tu me remerci**eras** ; il me suppli**era** ; je ne céd**erai** pas ; tu copi**eras**.

442 je travers**ai** et (je) me cach**ai** ; il cour**ut**, (il) s'install**a**, (il) démarr**a** ; il enten**dit**, (il) **vit**, il regagn**a**, (il) ferm**a**, il ne **put** dormir.

473 je t'autoris**erais** ; ils brill**eraient** ; tu te débrouill**erais** ; on pou**rrait** ; il rebondi**rait** ; je ne me perd**rais** pas ; on la nomm**erait** ; je vous photographi**erais** ; il réussi**rait** ; tu leur signal**erais**.

97 **Tu as dû relier :** nouv**elle** et nouv**eau**, jum**elle** et jum**eau**, chev**al** et che**vaux**, cerv**elle** et cerv**eau**, ruiss**eler** et ruiss**eau**, ch**aleur** et ch**aud**, mus**elière** et mus**eau**, v**al**oir et cela v**aut**, carr**el**age et carr**eau**, morc**el**er et morc**eau**.

277 une chienne très gentille ; des chatons très gentils ; des perruches très gentilles ; une pluie violente ; des averses violentes ; des orages violents ; ces tartes sont légères et savoureuses ; cette meringue est légère et savoureuse.

324 maman a préparé ; **la robe jaune** que j'ai v**ue** ; **des milliers de livres** sont publi**és** ; les loups ont hurl**é** ; elles furent pris**es** ; **le voleur**... arr**êté**, était recherch**é** ; si elle ne **les** (= **ils**) avait pas **séparés**, ils n'auraient jamais cess**é** ; ces romans sont tradui**ts**.

351 **Tu as dû relier :** je sor**s**, je fini**s**, je continu**e**, je te remerci**e**, je vérifi**e** ; il cri**e**, elle réussi**t**, on oubli**e**, il étudi**e**, elle condui**t**.

352 ça sen**t** ; on contin**ue** ; ils viv**ent** ; lanç**ons**-nous ; je croi**s** ; il se ren**d** ; tu cri**es** ; il tien**t** ; il per**d** ; on lui confi**e**.

Exercices de révisions

• Chaque fiche prévoit quarante réponses. Chaque réponse juste vaut un point. Pour avoir une note sur vingt, diviser le résultat obtenu par deux. Pour avoir une note sur dix, diviser le résultat obtenu par quatre.

• Dans chaque fiche, le premier texte à compléter est prévu pour être noté sur dix. Le second texte à compléter est prévu pour être noté sur vingt.

Fiche 1, page 136

1. (elle) p**è**se - une for**te** - épai**ss**eur - elle dég**è**le - (elle) reg**è**le - qu'**elle** emprisonne - **se** trouve - chass**é** - il se constit**ue** - l'air rest**ant**.

2. signal - plomb - tricot - fier - rond.

3. (il) **vit** - boug**er** - un **cri** - il couvr**it** - (ils) fir**ent** - puiss**ant** - il rug**it** - **sans** se retourner - **s'en** rendre compte - (ils) s'enfonçaient - à nouv**eau** - leur bruit - (il) se perd**it** - f**ai**sait - (il) étend**it** - mains hum**aines** - ils f**irent** - **arr**achant - **ses** mâchoires - (il) bou**ge**a.

4. carapace - décéder (ou : décédé) **- pavé - obéissant - casser** (ou : cassé).

Fiche 2, page 137

1. Georgie d**é**clara - ber**g**er - il **est** - il s'**app**elle - **quand** - il est tomb**é** - **pein**ture - il est sort**i** - **tout** barbouillé - (il) est rest**é**.

2. nue - onze - pense - quinze - rayonne.

3. prud**ence** - pens**er** - **ce** qui - **si** par malheur - (il) tomb**ait** - premi**ère** - l'**es**calade - p**é**nible - il **s'y** attendait - (il) **se** souvint - ils discut**aient** - **quelle** hauteur (la poutre) pouv**ait** - exer**c**ice - **qu'elle** soit - **à** cinquante centimètres - (elle) **a** toujours - (ils) rest**ent** - **à** n'importe - **quel** niveau.

4. chèque - gâteau - déjà - péril - géant.

Fiche 3, page 138

1. sans arrêt - (il) rem**ue** - (il) aspir**e** - la nourriture tomb**ée** - **sans** lui - on app**elle** - ils poss**è**dent - de **forts** barbillons - raid**es** - rapp**e**lant.

2. sonner (ou : son) **- front - quart - gros - ami.**

3. (elle) **se** déchaîne - (ils) rentr**ent** - il faut cr**ier** - pour échang**er** - à peine sor**tis** (les mots) - (ils) sont emport**és** - **c'est** tout juste - **si** - l'on ent**end** - sa propre voi**x** - **c'est** pourquoi - **à** reculons - (ils) ne vo**ient** pas - (ils) grin**cent** - **ce** bruit (il) les surpr**end** - (elle) **se** trouve - renvers**ée** (c'est Joséphine qui est renversée) - **à** temps - (elle) lui **a** fait.

4. bâtir - tiède - béret - grève - célèbre.

Fiche 4, page 139

1. tout Pommerole - une façade - fissur**ée** - (ils) n'**ont** pas - été repein**ts** - tuiles effrit**ées** - (elles) menac**ent** - de tomb**er** - son toit ne lai**ss**e plus - gou**tt**ières.

2. grippe - griffe - grille - glisse - brille.

3. ses fleurs (comme : ses feuilles) - fleurs minuscul**es** - feuilles color**ées** - **attirer** - couve**rte** - gou**ttes** d'eau - **cette** rosée - **ces** perles - luisan**tes** - (il) y touch**e** **tous** les poils - (ils) se courb**ent** - (elle) **se** referme - (elle) **se** déroule - (elle) re**jette** - insecte dig**éré** - présent**e** - son traquenard luis**ant** - **att**irer - une autre proie.

4. acheter - passant - effacer - béquille - silence.

Fiche 5, page 140

1. **si** haut - muni (l'infirmier est muni) - **s'y** tenir - **sans** attendre - les voyageurs terrass**és** - **ce** terrible mal - (il) se**rre** - (il) nou**e** - (il) raid**it** - (il) bris**e**.

2. **clair** - **digestion** (ou : gestion) - **fond** - **tant** - **faire**.

3. un de **ces** manuels - (ils) feuill**ett**ent - enn**uy**eux - **att**entivement - ti**ens** - **c'est** intéressant - tou**t** cela - **c'est** pour ceux-là - tou**s** les sujets - imaginabl**es** de caill**oux** - de tou**s** - les caill**oux** - des pierres gris**es** - des pierres ordinair**es** merv**eill**euses - noms étrang**es** - noms poétiqu**es** - des **qu**antités - plus b**elles** (les pierres).

4. **sincère** - **siècle** - **pâleur** - **étang** - **dégel**.

Exercices de fin d'apprentissage

• Chaque fiche prévoit quarante réponses. Chaque réponse juste vaut un point. Pour avoir une note sur vingt, diviser le résultat obtenu par deux. Pour avoir une note sur dix, diviser le résultat obtenu par quatre.

• Dans chaque fiche, le texte à compléter est prévu pour être noté sur trente. On divisera le résultat obtenu par trois pour avoir une note sur dix.

Fiche 1, page 148

1. vous achet**ez** - tou**s** - **mais** vous n'avez - **sans** doute - jamais **eu** (vous avez eu) - que (un petit arbuste) d**oit** fournir - pour pou**ss**er - pour donn**er** - il cr**aint** la sécheresse - le mauvais **temps** - tou**t** - **se** passe - **se** gorger - (il) port**e** - de beau**x** fruits - les arbres fruitier**s** - fleuriss**ent** - il **se** forme - (il) gross**it** - peu **à** peu - il pren**d** - et (il) devien**t** - **si** beau que - l'eau vien**t** - il **app**artient - achet**é** (il) ne peu**t** - essayon**s** - aura plant**é**.

2. une **photo** - le **métro** - une **moto** - une **radio** - la **télé**.

3. un **impoli** - un **maladroit** - le **rempart** - un **serpent** - le **sommet**.

Fiche 2, page 149

1. je v**is** - (il) recueill**ait** - des touffes rest**ées** - **acc**rochées - branches ba**sses** une bouch**ée** - de te**lle** sorte - son mus**eau** - six centim**è**tres - il se diri**gea** - (il) travers**ait** - (il) **s'y** - plon**ge**a - jusqu'à **ce** que - tou**t** - son cor**ps** - **ses** narines - **cette** position - quelqu**es** minutes - il lâch**a** - (il) sort**it** - (il) **se** secoua - (il) dispa**rut** - la touffe abandonn**ée** - (elle) commen**ça** - nous **la** retrouvâmes - arrêt**ée** (la touffe) - notre profon**de** surprise - (elles) av**aient** - **et** seul.

2. a. aux (1 pt) - **b.** Quatre noms aux choix : animal (animaux), cheval (chevaux), journal (journaux), hôpital (hôpitaux), métal (métaux), etc. Il y a beaucoup d'autres noms en -al qui font leur pluriel en -aux. Si les mots que tu cites ne sont pas dans cette correction, vérifie dans ton dictionnaire et compte-les justes s'ils se terminent par **-al au singulier, -aux au pluriel**. (Attention : 1 point par mot juste, maximum 4 pts pour b.)

3. dompteur - **sommeil** - **finir** - **dortoir** - **devinette**.

Fiche 3, page 150

1. je veu**x** - il a fall**u** - **la** laisser - **c**'était son anniversaire - j'aurais voul**u** - j'ai **eu** - qui **est** amusant - **ses** oreilles - tout**es** - droit**es** - (il) a fai**t** - de pleur**er** - je veu**x** - **on** ne pense jamais - **à** moi - j'ai donn**é** - il **l'a** - mang**ée** (la carotte) - je n'**ai** pas mangé - ç'aurait **été** - je l'**ai** léché - **quel** goût - j'**ai** - léch**é** - **la** donner - pour voir **si** - la pâte (...) gri**se** - la pâte (...) roug**e** - (elles) av**aient** - vous ve**rrez**.

2. a. Faux - **b. Vrai** - **c. Faux** - **d. Faux** - **e. Faux**.

3. j'aimerais **dîner** - elle est **féroce** - la **souffrance** - en **effet** - une **merveille**.

Fiche 4, page 151

1. je veu**x** - **mais**, malheureuse - tu ne **sais** pas - fer**as**-tu - **quand** il viendra - je donn**erai** - des cou**ps** - (il) **se** moque - il **m'a** mangé - des biques encorn**ées** - la pauvre v**ieille** - elle **s'est** battue - tout**e** la nuit - (il) l'a mang**ée** (la chèvre) - **ça** ne fait rien - laiss**ez**-moi - all**er** - **mais** - on l**eur** - fai**t** - **mes** chèvres - (il) va me mang**er** - je te sauv**erai** - tout**e** noire - **à** double tour - **mais** - il avait oubli**é** - eu**t**-il - le dos tourn**é** - (elle) **s'en** alla.

2. un **pneu** - un **vélo** - une **auto** - le **cinéma** - un **micro**.

3. tiroir - **volaille** - **terrain** - **blessure** - **trompette**.

Fiche 5, page 152

1. (la file) se déroul**ait** - des bleu**es** - certaines **avaient** - des galeries surcharg**ées** - d'autr**es** - co**quille** - tout**es** - avançaient - **longtemps** - (ils) av**aient** - les arbres plant**és** - (ils) perd**aient** - leu**rs** feuilles - tou**s** ces gens - boucl**és** - leu**rs** boîtes - **se** demandait - **on** dirait - **leurs** trousses - (ils) klaxonn**aient** - ralenti**ssait** - **se** promène - cri**aient**-ils - de flân**er** - tou**s** - se trouv**aient** - tou**s** - leur bureau - le**ur** usine - douz**iè**me.

2. a. Oui (1 pt) - **b.** Quatre verbes au choix : **arr**acher, **arr**anger, **arr**êter, **arr**iver, **arr**ondir, **arr**oser, etc. (1 pt par mot juste, maximum 4 pts pour b.)

3. fierté - **friture** - **honteux** - **maillot** - **gorgée**.

Les propositions de rectifications de l'orthographe

Le programme d'apprentissage ORTH a été fixé en tenant compte de la fréquence des mots et des structures grammaticales, ainsi que de leur difficulté et de leur utilité. Il prévoit, du Cours préparatoire à la classe de 3e, l'apprentissage progressif de l'orthographe des 7 000 mots les plus fréquents et la maîtrise de toutes les règles grammaticales. L'élève ayant suivi ce programme dispose, à l'issue de la classe de 3e, d'une solide base orthographique correspondant aux besoins d'un adolescent cultivé, capable d'utiliser la langue écrite spontanément.

Dans le cadre de cette progression, l'élève de CM2 connaîtra parfaitement l'orthographe de 3 000 mots, ainsi que les conjugaisons et les règles grammaticales essentielles. Les modifications orthographiques proposées par le Conseil supérieur de la langue Française en 1990 ne changent pas le programme d'apprentissage de l'orthographe à l'école primaire.

Pour le CM2, ces propositions de rectifications ne concernent qu'une quarantaine de mots différents. Il s'agit essentiellement de problèmes d'accents : accent circonflexe sur **i** et **u** ; accentuation du **e** se prononçant *è* dans la conjugaison des verbes rares en *-eler* et *-eter* ; accent sur le radical des verbes du type *céder* au futur ; accents et ajustements dans quelques mots courants *(chariot, événement, asseoir, sécheresse)* ; trait d'union entre les numéraux.

Le vocabulaire contenu dans ce livre a été confronté à la liste des rectifications parue dans les *Documents administratifs du Journal officiel* du 16 décembre 1990. Voici la liste des mots de cet ouvrage pour lesquels une nouvelle orthographe est envisagée.

Orthographe actuelle	Rectification proposée	Pages
août	aout	56
apparaît	apparait	162
asseoir (s')	assoir (s')	123
boîte(s)	boite(s)	52, 140, 152, 184
brûle	brule	18, 62, 154
brûlé	brulé	100
céderai	cèderai	107
cent mille	cent-mille	56
chaîne	chaine	53, 166
chariot	charriot	50, 55, 57, 145, 164, 171, 179
cinq cents	cinq-cents	133
connaître	connaitre	3, 169
coûte	coute	73
coûter	couter	70
déchaîne (se)	déchaine (se)	138, 182
dégoût	dégout	56, 157
dégoûtant	dégoutant	56
dégoûter	dégouter	145
dîné	diné	65
dîner	diner	184
entraîné	entrainé	119, 175
entraînent	entrainent	147
étincelle (verbe)	étincèle (verbe)	175
étincellera	étincèlera	179
événement	évènement	54, 171
feuillette(nt)	feuillète(nt)	140, 175, 183
feuillettera	feuillètera	179
flûte	flute	141
fraîche	fraiche	136
goût	gout	56, 64, 68, 150, 170, 184
goûté	gouté	65
goûter	gouter	37, 39, 51, 56, 57, 179
île(s)	ile(s)	54, 56, 132, 161
îlot	ilot	56
maître	maitre	3, 5, 10, 46, 153, 163, 164, 171
maîtresse	maitresse	157, 159
mûre (nom)	mure (nom)	86, 108, 157
mûre (adj.)	mure (adj.)	26, 82
mûrir	murir	50, 108

Orthographe actuelle	Rectification proposée	Pages
naître	naitre	104, 118, 159
paraît	parait	3, 11, 18, 81, 163, 177
pique-niquer	piqueniquer	64
piqûre	piqure	145
plaît	plait	93, 142, 162
reconnaîtrais	reconnaitrais	68, 180
reconnaître	reconnaitre	60
ruisselle	ruissèle	175
ruissellera	ruissèlera	179
sécheresse	sècheresse	148, 183
s'il vous plaît	s'il vous plait	68, 104
soixante et onze	soixante-et-onze	49, 171
sûre	sure	147
sûrement	surement	95, 96, 123, 145, 162

Règle actuelle	Rectification proposée	Pages
écriture des nombres		45
Les mots formant des nombres inférieurs à cent sont reliés entre eux par *et* ou par *un trait d'union.*	On lie par des traits d'union les numéraux formant un nombre complexe, inférieur ou supérieur à cent.	
verbes en -eler, -eter		126
il existe deux procédés pour noter le « *e* ouvert » : soit le redoublement de la consonne qui suit le *e* (*ex. :* elle **ruisselle)** ; soit le *e* accent grave, suivi d'une consonne simple (*ex. :* il **harcèle**).	Tous les verbes se conjuguent sur le modèle de **peler** et d'**acheter** (*ex. :* elle **ruissèle**, elle **étiquète**). Exceptions : **appeler** (et **rappeler**) ; **jeter** (et les verbes de sa famille).	*Remarque :* le tableau de conjugaison donné page 126 reste inchangé. La conjugaison des verbes **appeler, jeter, acheter** et **geler** n'est pas modifiée.

Références des ouvrages cités

Exercices de découverte

10 **1** *Eh bien, raconte,* 2e recueil, Livre de poche, Éd. Mengès.

Exercices de révisions

1 **1** D'après R. Mazel et R. Brandicourt, *Dans la montagne*, Hatier, édit.
3 D'après R. Bradbury, *Les pommes d'or du soleil*, édit. Denoël.

2 **1** D'après C. Haywood, *Eddie et Gardenia au Texas*, Bibl. de l'Amitié, Rageot, édit.
3 D'après L. Frick, *N'aie pas peur Martin*, Bibl. de l'Amitié, Rageot, édit.

3 **1** Extrait de *Mon aquarium*, Marabout Flash.
3 M. Gripe, *Je suis Hugo*, Bibl. de l'Amitié, Rageot, édit.

4 **1** D'après D. Galin, *Mais où est donc passé le car ?*, Bibl. de l'Amitié, Rageot, édit.
3 D'après L.-N. Lavolle, *L'étang perdu*, Bibl. de l'Amitié, Rageot, édit.

5 **1** D'après G. Laramée, *Le garçon qui cherchait le soleil*, Bibl. de l'Amitié, Rageot, édit.
3 D'après M. Gripe, *Julie et le papa du soir*, Bibl. de l'Amitié, Rageot, édit.

6 **1** D'après S. Duflos et J.-L. Grailles, *D'étangs en marais*, Hatier, édit.
3 D'après A.-C. Vestly, *Aurore et la petite auto bleue*, Bibl. de l'Amitié, Rageot, édit.

7 **1** D'après S. Duflos et R. Brandicourt, *Dans le pré*, Hatier, édit.
3 D'après C. Jacobsen, *Votez pour maman*, Bibl. de l'Amitié, Rageot, édit.

8 **1** D'après M. Gripe, *Le château des enfants volés*, Bibl. de l'Amitié, Rageot, édit.
3 D'après B. Byars, *Le secret de l'oiseau blessé*, Collection Cascade, Rageot, édit.

9 **1** D'après L. Nichol et D. Clark, *Que faire aujourd'hui ?*, Hachette, édit.
3 D'après D. Galin, *Mais où est donc passé le car ?*, Bibl. de l'Amitié, Rageot, édit.

10 **1** D'après C. Jacobsen, *Votez pour maman*, Bibl. de l'Amitié, Rageot, édit.
3 D'après M. et C. Barlow, *Œuvres et thèmes* (le cirque), Hatier, éd.

Exercices de fin d'apprentissage

1 **1** D'après A.-C. Vestly, *Bon voyage, Aurore*, Bibl. de l'Amitié, Rageot, édit.

2 **1** D'après un témoignage cité par Maurice Burton, *La vie fantastique des animaux*, éd. Plon.

3 **1** J. Held, *Le journal de Manou*, Bibl. de l'Amitié, Rageot, édit.

4 **1** Alphonse Daudet, *Lettres de mon moulin.*

5 **1** D'après D. Galin, *Les aventures d'un chien perdu*, Collection Cascade, Rageot, édit.

6 **1** Raymond Devos, *Sens dessus-dessous*, éd. Stock.

7 **1** D'après B. Lornsen, *Jacobus ventrecreux s'en va-t-en guerre*, Bibl. de l'Amitié, Rageot, édit.

8 **1** D'après R. Sheckley, *Options*, éd. Calmann-Lévy.

9 **1** *Le Roman de Renart*, Œuvres et thèmes, Hatier, édit.

10 **1** Sempé et Goscinny, *Les récrés du petit Nicolas*, Denoël, édit.

Table des matières

Formes verbales

La collection ORTH

APPRENDRE L'ORTHOGRAPHE (du CP à la 3e)

de *J. et J. GUION* aux *Éditions SERMAP-HATIER*

matériel complémentaire pour le CM1

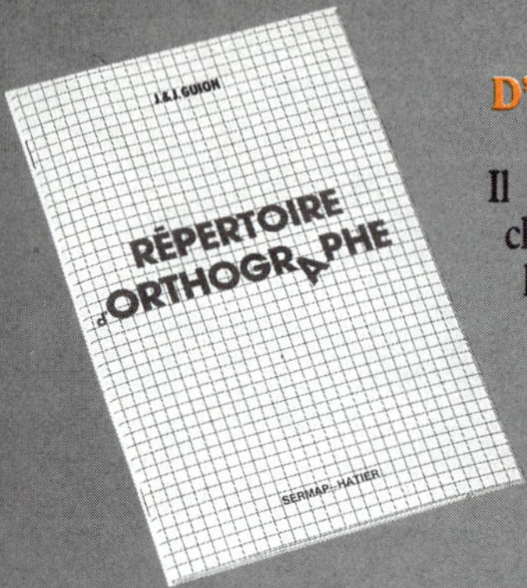

LE RÉPERTOIRE D'ORTHOGRAPHE D'USAGE

Il permet à l'élève de classer les mots sur lesquels il fait des erreurs et d'obtenir une liste personnelle de mots à apprendre.

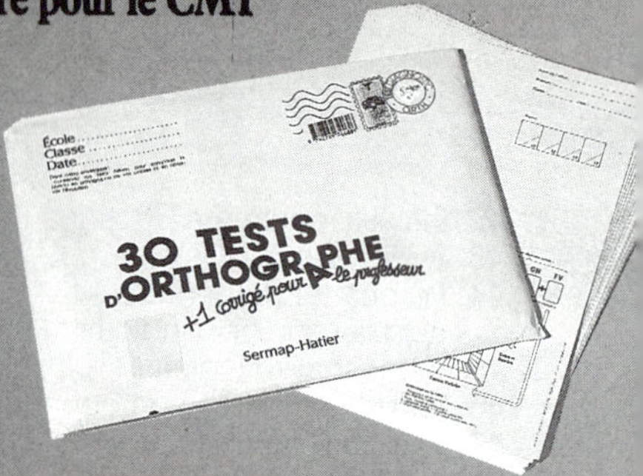

LE TEST-BILAN ORTH CM1

La vieille dame et les talkies-walkies.

Avec ce test étalonné sur une vaste populatior
professeur obtient une connaissance précise de
élèves et de leurs lacunes.

LE LOGICIEL D'ORTHOGRAPHE

Apprendre l'orthographe.

– les 60 principales règles du français à travers 15 modules.

– des jeux de mémoire visuelle, des tests et des bilans personna

Des mêmes auteurs, aux Éditions HATIER

La collection ORNICAI

Réussir en orthographe

(CE1/CE2/CM1/CM2/6e)

(Avec des tests et un mémento à découper et à garder).
Tous les avantages pédagogiques de la série ORTH avec
les conseils de MARGOT et les clins d'œil d'ORNICA
dans les marges du livre !

Achevé d'imprimer le 22 février 1991 dans les ateliers de Normandie Roto S.A.
61250 Lonrai. Dépôt légal : février 1991. N° d'imprimeur : R1-0174